高校思政育人理论研究与实践

闻竹 陈晨 ◎ 著

图书在版编目（CIP）数据

高校思政育人理论研究与实践 / 闻竹,陈晨著.--北京:中国书籍出版社,2023.12

ISBN 978-7-5068-9742-6

Ⅰ.①高… Ⅱ.①闻…②陈… Ⅲ.①高等学校—思想政治教育—教学研究—中国 Ⅳ.① G641

中国国家版本馆 CIP 数据核字 (2023) 第 245709 号

高校思政育人理论研究与实践
闻 竹 陈 晨 著

图书策划	成晓春
责任编辑	李 新
封面设计	博健文化
责任印制	孙马飞 马 芝
出版发行	中国书籍出版社
地　　址	北京市丰台区三路居路 97 号（邮编：100073）
电　　话	(010) 52257143（总编室）(010) 52257140（发行部）
电子邮箱	eo@chinabp.com.cn
经　　销	全国新华书店
印　　刷	天津和萱印刷有限公司
开　　本	710 毫米 × 1000 毫米　1/16
字　　数	190 千字
印　　张	11.75
版　　次	2024 年 5 月第 1 版
印　　次	2024 年 5 月第 1 次印刷
书　　号	ISBN 978-7-5068-9742-6
定　　价	78.00 元

版权所有　翻印必究

前　言

新时代新征程，构建内涵目标、过程等全面丰富的高校思政育人体系，是适应世情、国情对高等学校人才培养提出的新要求，是立足国家政策文件和高等学校实践，推进高等学校思政育人工作一体化发展的必由之路，是提高我国高等学校人才培养素质、完善高等学校人才培养体系、提高社会主义高等学校国际影响力的有力手段。当前，高校思政育人体系整体建构虽然取得了一定的成效，但同时也存在一定的问题。我们必须从强化立德树人的价值导向，明确挖掘育人资源的主要任务，加强高校与辅导员的协同合作，加强高校思政课教师队伍建设，构建家庭、社会、学校联动育人体系，构建课程思政协同思政课程全方位育人体系，促进学生心理健康教育与思政育人体系相结合等方面入手，构建高校全方位思政育人体系。

本书共五章。第一章为高校思政教育概述，主要从四个方面进行叙述，分别是高校思政教育的原则、高校思政教育的特征、高校思政教育的目标与任务以及高校思政教育的内容；第二章为高校思政育人理论分析，从三个方面展开叙述，分别是高校思政教育的理论依据、高校思政教育的课程现状、高校思政教育的教学模式的构建与实施；第三章为高校思政育人的体系构建，从三个方面展开叙述，分别是高校思政育人体系的现状、高校思政育人体系构建的原则与内容、高校思政育人体系构建的策略；第四章为高校思政育人的提升路径，从四个方面展开叙述，分别是加强校园文化建设、提高大学生自我教育能力、搭建思政育人信息平台以及加强各方力量的监督与管理；第五章为高校思政育人课程的实践与创新，从三个方面展开叙述，分别是课程思政育人、新媒体与思政课程的融合、传统文化与思政课程的融合。

在撰写本书的过程中，作者参考了大量的学术文献，得到了许多专家学者的帮助，在此表示真诚感谢。本书撰写力争内容系统全面，论述条理清晰、深入浅出，但由于作者水平有限，书中难免有疏漏之处，希望广大同行及时指正。

作者

2023 年 6 月

目 录

第一章 高校思政教育概述 ... 1
第一节 高校思政教育的原则 ... 1
第二节 高校思政教育的特征 ... 5
第三节 高校思政教育的目标与任务 ... 8
第四节 高校思政教育的内容 ... 11

第二章 高校思政育人理论分析 ... 19
第一节 高校思政育人的理论依据 ... 19
第二节 高校思政育人的课程现状 ... 24
第三节 高校思政育人教学模式的构建与实施 ... 35

第三章 高校思政育人的体系构建 ... 52
第一节 高校思政育人体系构建的现状 ... 52
第二节 高校思政育人体系构建的原则与内容 ... 76
第三节 高校思政育人体系构建的策略 ... 81

第四章 高校思政育人的提升路径 ... 112
第一节 加强校园文化建设 ... 112
第二节 提高大学生自我教育能力 ... 114

第三节　搭建思政育人信息平台……………………………126
　　第四节　加强各方力量的监督与管理………………………133

第五章　高校思政育人课程的实践与创新……………………………140
　　第一节　课程思政育人……………………………………………140
　　第二节　新媒体与思政课程的融合………………………………152
　　第三节　传统文化与思政课程的融合……………………………163

参考文献…………………………………………………………………179

第一章 高校思政教育概述

本章概要叙述了高校思政教育，主要从四个方面展开叙述，分别是高校思政教育的原则，高校思政教育的特征，高校思政教育的目标与任务以及高校思政教育的内容。

第一节 高校思政教育的原则

一、坚持以人为本

历史悠久的中华优秀传统文化中历来就有着"人本"这个概念，最早记载人本思想的是春秋时期的管仲，"夫霸王之所始也，以人为本，本治则国固，本乱则国危。"[1]《管子》中的这句话充分证明了我国以人为本的思想在古代就已经得到了社会的认同。而且作为儒家文化的另一个代表人物孟子也曾提出："民为贵，社稷次之，君为轻。"[2]这表明在中国，人本原则得到了广泛的认可和深刻的理论支持。在马克思主义理论中，人本思想也是至关重要的部分。

高校思想政治教育注重人文关怀，强调学生个性化成长，认为每个人都具有社会价值和潜力，能够在社会中发挥重要的作用。这里所提到的个体自由发展，不仅仅是学生，还包括担任思想政治教育的教师。这些教师同样是主体之一，并承担着至关重要的责任。在思想政治教育方面，我们应该以人为本，关注教育者和受教育者的主体地位，贯彻马克思主义的基本观点，让教育资源、综合管理和

---

[1] （春秋）管仲. 管子 [M]. 北京：北京燕山出版社，1995：207.
[2] （战国）孟子. 孟子选注 [M]. 桂林：漓江出版社，2014：175.

思想指导相得益彰。通过这种方式，我们可以帮助高校学生树立正确的价值观、开拓自己的世界观并培养积极的人生态度，这对于个人未来的发展和国家的进步都具有重要意义。

二、坚持开放意识

在研究学科前沿问题时，我们应该保持开放的态度，积极吸收其他学科的有益成果，不断提升自身素养。我们应该尊重中西方文化的平等性，学习借鉴其中的优点，淘汰其中的缺点。同时我们要致力于推进马克思主义理论和思想政治教育教学的发展和建设。一方面通过跨学科的角度来研究思想政治教育教学，并加强自觉性；另一方面是把思想政治教育教学面向全球，注重综合性和联系性。为了进行教学研究，我们还需要以发展的视角、动态的方式对问题进行研究建构，并和实践相联系，通过实践来检验真理性。教学实践是一个永远在变化的过程，需要重视教学过程中研究对象和社会环境相互影响的关系。尽管这种关系在一段时间内可能是相对稳定的，但它们不会永远保持不变。这导致我们获得的知识具有相对性，我们获取知识的过程也是开放的。思想政治教育教学作为一个系统完整的结构，其内在属性之一便是具有开放性。

三、坚持改革创新

在教学理论的研究中，我们必须以开拓创新的思维，勇于突破传统思维定式，才能够创造出新思想和新成果。在研究中，积极吸纳新思想和新元素，以创新、新颖和开拓性的思维方式促进教学发展，推进内在动力的生成。思想政治教育教学需要与实际情况紧密结合，在面对具有不同特点的大学生时，我们需要有针对性地改革和创新教学方法，以满足他们的需求。在高校教育中，建立教学体系是基本理论的一个动态升级，也是一种创新实践。改革与创新思想源自教学中缺乏优质教育的需求。因此，在教育实践中，需要适时更新新时代高校思想政治教育的基本内容，以提升其内在生气和创造力。

四、坚持务实求真

学生个体所拥有的社会关系及社会意识等因素，不仅会对学生思想的变化发展产生影响，而且还会对其起到制约的作用。思想政治教育对于个体与群体的思想转化都要加以重视，并且要重视社会风气以及舆论的作用。这就要求，思想政治教育出发点与立足点一定要是社会发展的实际及群众的思想现状，不仅应该将学生看成一个整体，在相同的起点上进行教育，还应该对千差万别的学生思想问题进行深入细致的研究，并对其加以解决。这样一来，就能够让理论与实践紧密地联系起来，让思想政治教育本身的针对性以及有效性得到增强。要想对群众思想发展变化的规律有准确的了解与掌握，就只能与实际紧密贴合，做好与之相关的调查研究工作，让思想政治教育的针对性、系统性及创造性不断增强。

利益是支配学生行为和思想以及其他活动的直接动力，也是学生产生问题的根源，这是因为这些利益与学生自身有着非常密切的关系。马克思主义的核心理念在于使人们深刻认识到自身利益，并让人们团结起来为自身利益而奋斗。因此，在进行思想政治教育时，应该以学生的利益为核心，让他们更好地了解和把握自身权益。从利益的角度来看，社会中所有人之间的关系都可以被看作基于利益关系而产生的联系。社会矛盾的根源在于不同人的利益存在差异甚至是对立的。要实现团结和谐、化解矛盾、形成强大合力，国家必须坚持正确的利益取向，这样才能达到既定目标。

党的良好作风彰显着追求真理、关注实际的精神，作为高校思想政治教师，我们应该秉持这一原则，做好教育管理工作。思想政治教育工作者应该培养实事求是的态度，将实事求是和言行一致作为个人思想和行为的关键标准。要实现真正的务实精神，就要避免追求名声和书本知识的刻板思想，坦率地说实话、实事求是，注重实际行动而非表面形式，避免空洞的言辞。我们应该对工作心怀敬畏，将其视为一门学问，勇于尝试和创新，不断提升自己的实际操作能力和理论知识水平。通过这种方式，我们不仅可以树立良好的榜样，也能为学生提供更好的教育服务。

五、坚持延伸原则

高校应该与时俱进，确立教育方针，扩展教育视野，提升思想政治教育水平。应该将评价和教育大学生的方式从仅限于学校教育系统扩大到全员参与的教学活动，以此培养德才兼备，适应国际社会发展的高素质人才。

作为思想政治教师，应该借助互联网这个平台，开阔学生的视野和思维，让他们了解更广阔的世界，从而不被当前复杂的局势所迷惑和困扰。思政老师可以借助近年来发生的事件，开展实用性强的时政教育，让学生从多角度分析当下的现象，并借助国家面临的问题，引发他们的爱国主义情感，从而帮助他们主动探究和提升自我。高校在当今时代应该扩大并拓展思政教育的范围，以使学生的学习和努力与国家的发展紧密相连。通过这种方式，不仅可以全面提高思想政治教育的实际效果，还可以引导高校大学生形成宏观视野和国际化视野，从而大大改变他们功利性的学习动机。

六、坚持全方位原则

在当今时代，高校需要建立一个全面的思想政治教育体系，以覆盖全员、全世界、全方位。教育从业者需要合理地利用学校内部和社会外部的资源，以确保学生在学校内外都得到优质的思想引导和能力培养。

想要提高思想政治教育的有效性，我们就要以当前社会对人才的需求和教育要求为依据。考虑到资本主义的影响，我们需要高校继续加强对大学生文化、制度、道路和理论方面自信心的培养。思政教师应该打造一个开放性的思政教育模式，让学生不仅可以学习课本上的高级思想理论，也能深入了解世界局势、我国的发展态势和目标等相关信息。在进行教学时，思想政治教师需要关注每个学生的政治取向和态度，以便帮助他们全面提升思想政治水平。全面的育人不仅关注育人思想和方法，还包括育人理论、育人资源和育人模式的全景展示。采用多样化的教学形式和内容，引导学生树立正确的政治思想，提高思想觉悟水平，培养符合时代要求的创新和创业能力。此外，思想政治教师应积极吸收新的知识和观念，确立"如何推进思想政治教育"的具体措施，同时积极理解和解读"培养现代化人才"的内容和目标。高校应制订思想政治教育计划，聚焦学生的长期发展，创新和优化教学模式，面向未来的世界，落实立德树人的核心目标，培养具有坚定政治立场与革命信仰的新时代人才。

第二节 高校思政教育的特征

一、导向指引下的整体性与教育教学的层次性统一

高校思政教育的特征之一是导向指引下的整体性与教育教学的层次性统一。这意味着，在思政教育中，我们不仅要关注知识的传授，还要关注学生的思想道德素质的培养。同时，思政教育的内容和方法也需要根据不同层次、不同阶段的学生进行相应的调整，以满足不同学生的需求。

首先，导向指引下的整体性是指思政教育要始终坚持正确的政治方向，以社会主义核心价值观为引领，全面提高学生的思想道德素质。这要求思政教育不仅要关注知识的传授，还要关注学生的情感、态度和价值观的培养。

其次，教育教学的层次性是指思政教育要根据不同年级、不同专业、不同学生的实际情况，采用不同的教学内容和方法。例如，对于大一新生，可以重点开展适应性教育和理想信念教育；对于大二、大三学生，可以重点开展专业教育和职业道德教育；对于大四学生，可以重点开展就业指导和创新创业教育。

在导向指引下的整体性与教育教学的层次性统一的框架下，高校思政教育要始终坚持以人为本、因材施教的原则，注重学生的个性化和差异化需求，以培养学生的创新精神和实践能力为核心目标，全面提高学生的综合素质。

思想政治教育是一种综合性、完备性很高的教育形式，能够将各种性质、类型的教育因素有机地融合在一起，并引导学生将零散的认知和观点转化为一个统一的思想政治素养。要让学生把对马克思主义理论的价值观、观点等的认识转化为信仰，这是教学中最关键的一点。因此，在授课中需要充分重视整体性。

思想政治教育教学是一个复杂的系统，涉及多个层次和因素。它不断地演进和变革，充分展示了辩证逻辑整体运动的特征。不同的要素和层次之间以及整体、层次、要素之间，还有整体和外部环境之间都存在着各种联系。思想政治教育的教学体系本质上揭示了各个元素、层次和范畴之间的动态轨迹和规律。因此，我

们不能仅仅研究具体内容，而应该以系统为出发点，并且从整体到局部、从全体到单一，考虑其要素和层次。

思想政治教育教学具有层次性，在教学过程中会形成一个整体系统，同时也包括局部层次的教学。思想政治教育的教学体系是根据逻辑思维的组织、推论和运作规则而划分的，从而形成起点、中心、成效和终点等范畴。这些范畴有条理性和科学性，是一种合理有序的体系。高校的思想政治教育课程是围绕中心概念，由起点概念开始，经过中间概念和成效概念，最终到达终点概念，这是一个动态、不断发展的过程。这个过程清晰地展现了高校思想政治教育教学体系各要素和层次之间相互关联和变化的本质规律，同时表述简明扼要。思想政治教育教学的综合特性决定了它不能仅仅单独地表现，只有有机地结合各要素、分层次、有序地联系在一起，才能准确地反映思想政治教育教学的基本规律。

正是因为高校思想政治教育教学具有整体性特征，所以它的各个结构和层次之间相互关联，相互影响。系统与要素之间建立起了稳定的联系，系统中的具体部分各有其固定的位置和功能。教学系统中的每一个层次都与其他层次相关联，它们在逻辑上相互连接，并遵循一定的逻辑规律。这个教学体系的结构得以建立并保持稳定，是因为各个要素和层次之间存在关联。结构需要关系的支撑才能存在，系统的形成也建立在关系的基础上。同时，系统内部要素的稳定性是关系稳定的前提，一个事物的整体特性是由各部分之间相互依存、相互制约的关系决定的。思想政治教育教学体系的各个层次之间互相依存、相互制约，形成了一个整体。

思想政治教育教学不仅要具备全面引领的特点，还必须具有逐层递进的特点，以确保教育教学过程的有机性和合理性。因此，它能够将一系列动态的教学活动有机地组合在一起，形成有序、层次分明的整体，构建出一个系统性的教学框架。综合来看，思想政治教育教学具有由导向指引的整体性和分层叠加的教育教学特点。

二、绝对的科学性与相对的利益性统一

思想政治教育教学的科学性体现在其涵盖和反映的内容科学性之上。通过教学实践活动，思想政治教育教学旨在培养学生全面发展的综合能力，使他们具备

社会所需的思想政治道德素养。恩格斯认为，人应当自由而全面地发展，就是"使社会的每一个成员都能完全自由地发展和发挥他的全部才能和力量"①，而思想政治教育则是基于这种思想而展开的教学活动，目的是将学生的观念提升到最优化的状态。此外，思想政治教学之所以被认为是科学的，是因为它本身具备客观实在性和规律性。

思想政治教育教学内容的基本特点在于其具有客观性和科学性。意识形态教育在不同的历史时期和体制下，都反映出其内在的本质和本身所遵循的规律，这一点是基本客观的。思想政治教育教学的科学性是无可置疑的，而这种教学实践在一定特定环境下具有相对稳定性和一定程度的恒定性。在列宁看来，"当一个唯物主义者，就要承认感官给我们揭示的客观真理。承认客观的即不依赖于人和人类的真理，也就是这样或那样地承认绝对真理。"②辩证唯物主义强调的是要承认真理的客观性和绝对性，且真理能够正确揭露客观物质的本质和规律。因此，认可教学的客观性就意味着承认它的普遍适用性。思想政治教育之所以具有利益性，是因为它所宣扬的价值观和意识形态具有阶级性，而其目标和服务对象则取决于统治阶级的阶级立场和性质。

一是现实因素是任何事物产生的基础，范畴也不例外。此理论体系的建构受到当时教学实践的影响，它是对当前教学实践经验的总结、归纳和抽象。然而，其建构过程受到多种条件的限制，故无法完全准确地预测未来的教学实践。因此，当前的范畴所反映的内容是有相对性的，而非绝对性的。

二是指事物在实践中呈现出矛盾的状态。这种状态是不断变化与发展的，并且表现出了互相对立、互相依存的特征，最终会发生辩证转化。此观点与辩证唯物主义的思想相同。这表明事物具有过渡性和相对性的特征，随着时间的推移，事物可能会从对立到统一或从统一转向对立。思想政治教育教学的相对性体现了基本矛盾的运动和转化在其教学实践中的反映。因而，思想政治理论课的教学方法可以相互转化，并且相对而言是灵活的。

---

① 华东师范大学教育系. 马克思恩格斯论教育 [M]. 北京：人民教育出版社，1996：88.
② 李砚田，杨庭芳，涂赞琥. 列宁哲学思想概论 [M]. 武汉：湖北人民出版社，1988：154.

第三节 高校思政教育的目标与任务

高校教育是培养人才的重要基础，学校和思想政治教师必须明确规定高等教育的目标，充分认识到加强和改进大学生思想政治教育的重要性和迫切性，并努力完成教育、引导大学生的任务。

一、新时代高校思想政治教育的目标

（一）引导大学生形成正确的价值观念

思想政治教育最重要的是改变学生心中最基础的观念，树立正确的世界观、人生观、价值观，让其从心底配合教育、接受教育，让学生真切地、深刻地感受到中国共产党和祖国人民对青年抱有的深切期望，让他们明白中国特色社会主义现代化事业的完成需要新青年的奉献，只有新时代的青年人不懈奋斗、不懈努力、不断超越自己，中华民族的伟大复兴才有可能实现。将热血和青春挥洒在为祖国和同胞们的美好生活而奋斗的事业中，是青春最绚丽的展现方式。

（二）深化大学生的家国情怀

要加强对在校大学生的爱国思想教育，增强他们的民族自豪感、民族认同感、民族自尊心，以报效祖国为荣，以损害祖国利益为耻，忠诚报效祖国，为祖国社会主义事业的建设增砖添瓦。爱国主义主要体现在三个方面，即爱国情怀、爱国思想、爱国行动，要将其与四项基本原则配合起来进行教育，引导大学生将"爱国"二字彻底理解并融入日常生活的每一个细节中，宣传贯彻爱国主义精神，为实现伟大中国梦的终极目标而努力奋斗。

（三）帮助大学生实现全面发展

大学生思想政治教育的前提是大学生在学习的过程中保持身心健康，根据新课程方案不断改进和调整思想道德教育课程的内容，坚持以马列主义、毛泽东思想、邓小平理论、"三个代表"重要思想、科学发展观、习近平新时代中国特色社会主义思想为指导，坚定党的教育方针，与时俱进、解放思想，以帮助高校学

生树立正确的世界观、人生观、价值观为基础，使学生了解党史国史、共产党的基本路线和基本理论，了解我国革命历程和改革开放以来的历史和教训，得到文化素质和思想道德素质的均衡发展。通过对比研究发现，我国高等学校教育的总体目标是培育学生热爱社会主义、热爱中国的热情，使学生积极拥护党的领导，心跟党走，热情奉献于中国特色社会主义事业的建设方向；树立正确的世界观、人生观、价值观，培养吃苦耐劳的奋斗精神；加强使命感和责任感的培养，为中国特色社会主义事业建设培养具有高水平高素质和高尚人格的优秀建设者和接班人。

二、新时代高校思想政治教育的任务

高校思想政治理论课是高校思想政治教育的核心组成部分，在高校思想政治教育中扮演着至关重要的角色。它的质量好坏直接影响高校思想政治教育的成效和效果。所以确保高校思想政治教育任务高质量完成的前提是必须明确高校思想政治理论课的任务。更具体地说，目前高校的思想政治理论课主要有以下几项任务。

（一）引领高校大学生推动中国之治

"中国之治"是通过整合中国道路、中国制度、中国智慧、中国文化、中国精神等因素，开创了史无前例的社会治理和人的发展模式。在当前新的历史阶段，我国正在踏上走向国际舞台中心的变革之路，这个阶段需要我们不断追求进步与进取，毫无退缩的决心。因此，对于高等教育中的思想政治理论课程而言，学习和践行社会主义核心价值观的重要性无法被忽略。这不仅有助于培养"四有"新人和讲解"四个必须"理念[1]，还能够将马克思主义的认知体系和方法论有机结合到中国的革命和建设过程中，为中国的治理逻辑打下坚实基础。

---

[1] "四个必须"理念指的是习近平总书记在参加党的十四届全国人大一次会议江苏代表团审议时强调的四个方面：必须完整、准确、全面贯彻新发展理念，必须更好统筹质的有效提升和量的合理增长，必须坚定不移深化改革开放、深入转变发展方式，必须以满足人民日益增长的美好生活需要为出发点和落脚点。

（二）引导大学生实现个人价值和社会价值的统一

以马克思主义理论四门主干公共必修课为例，"思想道德与法治"旨在培养学生正确的世界观、人生观、价值观，坚定理想信念，增强家国情怀，将个人价值与社会价值有机地结合起来，为实现共产主义奋斗一生。该门课程旨在为刚入校园的大学生设定一个宏伟目标，但并未在课程中直接指导学生如何实现个人价值。这个问题在接下来的三门公共必修课中被逐步解决了。

"中国近现代史纲要"课程借助历史回顾，启发学生认识到：在历史长河中，那些与时代浪潮同步前行、追随时代潮流的人物，才能在历史舞台上谱写出辉煌的篇章。这门课程提供了丰富而生动的历史事实，教导高校学生如何看待党在历史上的曲折和失误，并从中吸取宝贵的经验教训。这对于他们完善自身思想、探求成功的规律和方法，以及走上正确的成长道路都是具有借鉴和帮助意义的。

"马克思主义基本原理概论"彻底阐述了这一理论。这是因为，在马克思主义的指导下，中国人民在中国共产党的领导下，成功实现了独立和解放，并取得了繁荣和富强的成就。然而，我们不能仅凭历史教育来预测现在和未来。我们必须结合当前的实际情况和未来的发展趋势，才能更准确地理解和应对未来的挑战。

"毛泽东思想和中国特色社会主义理论体系概论"在后期起到了重要的宣传教育和引领作用，让高校学生对社会主义制度的优越性进行了深入的思考。这使高校学生在不断思索的过程中获得了启发，增强了民族自信感和认同感。同时，这一工作也让他们坚信中国共产党不仅在过去取得了巨大成就，在当代和未来也必将继续创造前所未有的辉煌。鼓励学生不断自我提高，为中国特色社会主义事业贡献力量。只有将个人的价值和社会的价值相结合，才能符合时代趋势，走向有意义的人生。

（三）引导大学生投身于社会主义建设

习近平新时代中国特色社会主义思想是现代中国坚持中国化马克思主义理论的最新成果。作为当代中国的马克思主义，它为我们的国家和人民在实现中华民族伟大复兴的征程中指明了方向。它是党在新时代各类实践和斗争的基础上形成的完备的思想体系，对新时代中国特色社会主义建设具有重要的旗帜、纲领和核心作用。为了贯彻习近平新时代中国特色社会主义思想"进教材、进课堂、进头脑"的要求，现代高等教育中思想政治理论课的主要使命之一是利用该思想体系来树立学生的信念和塑造他们的品格。我们的目标是让学生全面了解和实践新时代中国特色社会主义建设的原则，通过深入细致的教学，帮助学生扎扎实实地学习，紧密结合实际，培育他们成为具有合格素养和创造力的新一代社会主义建设者和接班人。

第四节　高校思政教育的内容

一、道德品质和人生信念的教育

在当前高校之中，普遍存在着以下几个问题。

（1）师生关系有时较为紧张

首先，师生之间的关系有时会变得紧张。这可能是由于双方在相处过程中存在一些认知误区，或者由于双方的经验和思考方式不同，导致彼此之间的理解和信任度下降。

其次，随着社会上尊敬师长价值观念的逐渐减弱，高校学生对教师的尊重程度也相应下降。这进一步加剧了师生间的紧张关系，使双方的信任度大幅降低。

为了改善这种情况，我们需要采取一些措施。首先，教师应该更加关注学生的需求和感受，尊重学生的个性和差异。同时，学生也应该更加尊重教师的教育和指导，积极与教师沟通交流。

此外，学校和社会也应该加强对师生关系的重视，加强对学生道德观念的培养和教育，以促进师生关系的和谐发展。

总之，师生关系的和谐发展是高校教育的重要基础，需要各方共同努力来维护和促进。

（2）恋爱观不成熟

哪个少女不怀春，哪个少男不钟情。很多大学生在选择恋人时，可能会受到个人需求的影响，如填补心灵空虚或满足个人私欲等。这种恋爱关系往往缺乏激情、亲密和承诺这三种成分，因此容易导致失败。这样的经历可能会降低个人对未来恋爱关系的信任感，有些人甚至会对恋爱本身产生不信任的态度。因此，大学生在恋爱中应该保持理性，认真思考自己的需求和动机，并努力建立健康、稳定的恋爱关系。

（3）寝室矛盾问题存在已久

寝室作为学生生活的重要场所，其和谐氛围对学生的学习和生活至关重要。一个和谐、温馨的寝室环境可以让学生们感到舒适和放松，从而更好地专注于学习和生活。相反，如果寝室氛围紧张、不和谐，就会给学生带来压力和焦虑，甚至影响他们的身心健康。

然而，寝室矛盾问题一直是困扰许多学生和校园管理者的一大难题。这些矛盾可能源于生活习惯、性格差异、沟通不畅等多种原因。例如，有些学生可能喜欢在晚上熬夜学习或玩耍，而另一些学生则希望早点休息；有些学生可能性格内向，不善于表达自己的想法和感受，而另一些学生则可能比较外向，喜欢交流。这些差异可能导致寝室矛盾的产生。

寝室矛盾会对学生的身心健康带来负面影响。长期处于紧张、不和谐的寝室氛围中，学生可能会出现焦虑、抑郁等心理问题，甚至会影响他们的学习和生活。此外，寝室矛盾还可能影响学生的社交能力和人际关系，从而影响他们未来的职业发展和社会适应能力。

针对上述这些比较常见的问题，要对其进行解决，就必须在高校中对学生的道德品质以及人生信念展开教育，这需要做到以下几点。

（1）构建良好的校园环境，实现环境育人

建立具备人文情怀的信用文化氛围在校园中具有重要意义。在大学中，无论是在课堂上还是在校外，无论是教师、学生还是其他教育工作者，都应时刻注重信用的重要性，创造出"讲信用"的文化氛围。通过建立良好的人文信用环境，可以提高学生的信用教育效果。首先，我们应留意教师在日常生活中的信用表现，包括教师是否能够以自己的行动为榜样，并且率先示范。其次，需要关注学生党员和学生干部的信用带动作用。如果他们也存在信用缺失问题，那么普通同学可能不会将信用看作重要因素。因此，必须强调学生党员和干部树立良好典范的重要性。

(2)发挥家校与社会合力,实现联合育人

强化学生的理想信念教育需要整个社会齐心协力,特别是要充分发挥家庭、学校和社会的教育作用。教育是一种相互作用的过程,每个受教育者在学习的同时也在启发和影响着周围的人。教育者不仅要要求学生诚信,更应该本着诚信的原则去教育人。因此,需要考虑学生的个性特征,齐心协力管理好教育,形成家庭、学校和社会教育的有机结合。教师以严肃的教学方式和真诚的为人之道,将诚信的价值理念渗透进教学活动,让教育教学更加完美,展现了师德的强大力量。科研人员能够将自己勤奋探索、脚踏实地创新的态度带到教导学生的科研实验中,达到教育与塑造人格相统一的目的。作为教育的基础单元,家庭在大学生的成长中扮演着重要的角色。作为大学生的第一位导师,父母应该用言传身教的方式进行教育。当前社会竞争激烈,家长都希望孩子将来能够成功,因此有些家长过于关注孩子的学习成绩和特长技能,而忽略了培养孩子的道德品质。学生们经常背着沉重的书包奔波于校内和校外的学习之中,然而家长们应该认识到,道德品质是成才的基础和关键,应该先让孩子学会做人,再去学习知识和技能。

(3)课堂应丰富德育内容,实现立德树人

开展好理想信念教育,高等院校思想政治教师还可以从以下三个方面入手。

首要的是深入学习马列主义经典著作,并加强对其内容的领会。高等院校有必要紧急推进对马列主义经典著作的学习,以加强思想理论教育。这些经典理论可以解答学生在思想政治工作中遇到的众多问题。现代学生越来越注重个人的利益,但他们也认识到服从集体利益的重要性。他们希望在实现自己价值的同时,能够与集体利益协调一致。因此,政治工作者需要引导学生如何将个人追求和现实诉求融入整体,以建立一个有机的平衡。这是当前亟待解决的问题之一。这提示我们,随着时代的变化,自然界会出现新的问题,我们必须灵活应对,不能一味地坚持教条。

其次,需要增强对党的历史和党章的学习。中国共产党在漫长的斗争历程中,历经了多次重要历史节点,包括但不限于大革命、土地革命、抗日战争、解放战争、改革开放和全面复兴等。不同历史条件下,党积累的重要经验对于所有学生来说都是一种宝贵的精神财富,而且这些经验也是每一位学生必须掌握的基本要素。加强党史的学习是必要的,因为只有学习党史,才能从历史中吸取营养和动力,同时也可以坚定"听党指挥跟党走"的信仰和决心。

第三,需要更加注重学习先进典型的经验和做法。对于荣誉感和理想信念这些相对抽象的概念,过多的理论讲解可能难以产生实际效果。因此,在开展教育的过程中,学习先进典型人物的经验和故事,深入了解他们对于理想信念的诠释,更具有实际的教育意义。高等院校思想政治教育管理者在选择先进典型时,应当遵循三个原则。首先,典型代表的特征必须是独具特色和鲜明突出的。在教育引导中,我们需要具体的例子来帮助学生更好地理解和吸收知识。在选择先进典型时,需要选择那些具有独特特点和突出表现的人物,这样才能更好地引导学生树立正确的价值观和人生观。

其次,典型案例必须与个人的职责工作紧密相关。为了提升理想信念教育的效果,我们应该让典型案例与本职工作紧密相关,这样才能让人更深刻地感受到带入感。例如,在科研技术领域,可以选择像钱学森和林俊德这样的杰出人物作为典型代表,他们不仅在科技领域取得了卓越成就,还具有坚定的理想信念和高尚的道德品质。这样的典型案例可以引导学生更好地理解自己的职业方向和人生目标,激发他们的学习热情和进取心。

最后,身边典型人物的经历可以引发共鸣,产生深远的教育影响。身边的人与我们有着相似的经历和背景,因此更容易引起我们的共鸣。在身边找到优秀的人,以他们为榜样,有助于缩小与他们的距离,增加亲近感。

二、历史文化与家国情怀的教育

中华民族拥有悠久的历史以及博大精深的文明和智慧。深入挖掘历史,汲取其中强大的力量和深厚的智慧不仅是党的思想理论创新的重要责任,也是高校进行立德树人工作的重要途径。在高等教育中,学习党史、新中国史、改革开放史和社会主义发展史被称为"四史"学习。高等院校应深刻意识到学习新时代"四史"的重要性及其与时俱进的价值,要在实施"四史"学习教育方面积极寻求改进之路。

因此,教育部发布通知要求全国高等学府广泛推广历史教育,强调在整个高等教育过程中贯穿历史教育,持续加深爱国主义教育。为适应新时代的新特征和新要求,高等院校应以历史教育为机会,紧紧围绕培养德智体美劳全面发展的人才这一根本任务，阐明"四史"学习教育的时代意义，挖掘"四史"学习教育的资源，探索它的实施途径，全面推动高等院校的思想政治教育与"四史"学习教育相辅相成，共同承担培养时代新人的历史使命。

在高校中，对大学生展开历史文化与家国情怀的教育具有重要意义。

首先，学习党史、新中国史、改革开放史、社会主义发展史，有助于大学生在当前世界发生百年未有之大变局的情况下，更好地认知国内外的发展形势。这种学习能够使学生了解我国社会主义发展的历史脉络和走向，同时树立正确的历史观，培养用历史和辩证的眼光看待问题的能力，深入探究规律，寻找真理。

其次，能够增强学习教育的话语能力。要实现中华民族伟大复兴，不仅需要强大的科技和经济实力，还需要强化哲学社会科学，提高相关话语的影响力和实力。通过"四史"学习教育，向学生展示中国发展的良好故事，揭示社会主义发展的规律，巩固马克思主义在意识形态领域的领导地位。这有助于抵制不良思潮的影响，宣传中国特色社会主义，推动哲学社会科学的创新话语体系，并稳固历史学习教育中的话语权。

最后，可以促进培养德、智、体、美、劳全面发展的人才。思想政治课是我们开展"四史"学习教育的主要手段和重要责任承担者。高等学府积极推动"四史"学习教育走进课堂，采用多种形式的思政课程，向学生传授"四史"相关知识。这不仅有助于学生了解真实的历史事实和以优秀历史人物为榜样，坚定自身的政治方向和理想信念，而且还有助于培养符合社会主义发展要求的栋梁之材，使他们更好地为自己的目标奋斗。

（1）强调生本理念，加强学习实践

高等院校应该注重学生的主动参与以及发挥学生的主体作用，在进行"四史"学习教育时不能只是单向引导，还应该充分关注学生的兴趣和学习需求。因此，需要重视教师主导和学生主体相融合，以解决过去学生学习缺乏主动性和理解不够深入的问题，从而提高学习教育的实际效果。首先，需要重视学生在"四史"教育中的重要性和参与度。在进行"四史"学习教育时，教育者应该避免一味地说教和持续不断地灌输知识。相反，应该采用更加生动、互动更强的教学方式，给予学生一定的自由度和参与感，激发他们对学习的兴趣和积极性，让每个学生都可以真正地融入学习过程，从而更好地表达自己对历史事件和人物的独到见解和真实感受。此外，需要利用教育者在"四史"学习教育中的领导作用。面对涵盖广泛的"四史"知识领域，教育工作者应该有效整合相关资源，规划教学目标，恰当安排不同领域的授课时间比例。同时，教育者应该以自身为榜样，明确自己的政治立场，坚定自己的理想信念，引导学生形成正确的历史观念，掌握科学的研究方法，用历史的、系统的视角分析"四史"，从而培养学生的使命感和责任感。

（2）构建实践平台，促进知行合一

要让高校学生真正学懂"四史"，单纯的"灌输式"教学是远远不够的。我们需要开展一些实践性活动，为学生搭建起与历史沟通的桥梁，引导他们深入了解历史知识。因此，在加强新时代高等院校"四史"学习教育的同时，需要重视课内教学和课外实践的融合，解决以往"四史"学习教育过于理论化，实践性不足的问题，并且扩大"四史"学习教育的实践范围。要开展各种形式多样的实践活动，以涵盖全部"四史"。为了使"四史"教育的实践活动更加生动有趣，我们需要不断创新实践形式，使实践活动更加多样化。通过不同形式的实践活动，我们可以更好地激发学生的兴趣，提高历史教育的参与度。我们要有勇气尝试新的方法，从而提升"四史"教育的质量。高等院校可定期举办与"四史"相关的主题文化实践活动，比如知识竞赛、唱红歌、开办红色沙龙等，为学生提供更多参与"四史"实践活动的机会。此外，需要建设一个实践平台，供人学习"四史"相关内容。高等学府与当地的爱国主义教育场所、革命纪念馆、历史博物馆等合作，能够充分挖掘当地的历史和红色资源，并共同开发、利用，从而拓展学生"四史"方面的学习领域和途径。

（3）顺应时代发展，更新教育手段

要让高等院校的学生充分学习"四史"，不仅需要基础的传统课堂教学，还需要现代信息技术提供全面、多角度的辅助支持，以创造一个新的学习"四史"的平台。因此，在加强新时代高等院校"四史"学习教育方面，我们应更加重视将线上教育与线下教育相结合，以应对以往"四史"学习教育与新媒体应用融合不足的问题，建立一座"四史"学习教育的云端平台。高等院校可以利用新媒体技术，建立自己的"四史"学习教育服务平台，如网站、微博、微信公众号等，以便进行运营和管理。我们可以定期向学生推送他们感兴趣的历史内容，例如动态视频、干货文章和实时新闻等，以此让学生了解更多与"四史"相关的理论和历史事实，这样可以不断为学生提供有思想性和教育性的"营养大餐"。此外，需要将"四史"学习教育的云端资源进行综合整合。高等院校可以与当地党政机关、红色教育基地等校外机构合作，共同创建云端平台，推动"四史"学习教育，以创新高等院校"四史"学习教育的实施形式。利用"云参观"和"云实践"线上体验模式，可以打破传统教学时间和空间的限制，为人们提供更广泛的"四史"学习教育线上领域，并扩大其影响范围。

三、社会主义核心价值观教育

只有当人民在主观上感受到了美好，在客观上也提升了思想水平，才能说社会主义核心价值观教育真正取得了成效。在当今思想文化多元的时代，社会主义核心价值观代表着一个民族和国家的精神追求，同时也反映了社会采用的价值标准，用以评判是非和为人们的行为指明方向。这个价值体系既能够满足人民群众的精神和文化需求，又能够用作人们行为活动的价值导向。因而，社会主义核心价值观成功彰显并引导了人民的共同美好生活的价值观念，进一步凝聚了广大民众的共识。现今，人民在社会和个人发展方面提出了更高、更多样化的期望。除了追求物质和精神上的富足，他们还追求民主、法治、公正等价值观。作为重要的价值共识，思想政治教育的目标是营造一个良好的社会环境，为人民提供稳定的社会秩序。

社会主义核心价值观还能够进一步推动良法善治的形成。习近平总书记在中央全面依法治国工作会议上强调，"立法、执法、司法都要体现社会主义道德要求，都要把社会主义核心价值观贯穿其中，使社会主义法治成为良法善治"。[①] 将社会主义核心价值观融入法治建设，不仅符合人民的道德期望，在立法方面也起到了引导和促进人民自觉遵守法律的作用。同时，这种融合还能够为法律实施的各个环节注入更多的道德考虑，提升人民的正义感和公平感，为我国法治建设明确了价值导向，指引了正确的发展方向。

社会主义核心价值观代表了一种道德规范，不仅是个人品德的体现，更是国家和社会道德建设的基石。社会主义核心价值观将人们的道德良知和社会风气融合在一起，对广大群众的思想与行为产生积极引领，促使人们选择向善的方向。

---

① 习近平. 习近平谈治国理政（第二卷）[M]. 北京：外文出版社，2017：134.

在近年来的治国理政进程中，我国成功将社会主义核心价值观与法治建设紧密结合并融合在一起，这是一种新的成功经验。社会主义核心价值观在道德建设方面扮演至关重要的角色，在解决道德问题方面的重要性更加凸显。在当前时代，社会主义核心价值观要发挥更多的引领作用，不仅仅停留在道德层面，而是要与多个方面结合起来，以此推动社会良好的道德风尚逐渐形成。综上所述，将社会主义核心价值观有机融入思想政治教育教学中，不仅是引领价值观的必要需求，也能促进良好法治环境的形成。

第二章 高校思政育人理论分析

本章主要是对高校思政育人的理论分析,从三个方面展开,分别是高校思政教育的理论依据,高校思政教育的课程现状,高校思政教育教学模式的构建与实施。

第一节 高校思政育人的理论依据

在高校思政育人体系中,"育人"是一个广义的概念,它涵盖了育人目标、育人主体、育人过程、育人手段以及育人空间等方面。高校需要调动一切积极因素,让其为思想政治教育工作发挥积极作用,从而达到全方位的"全育人"目标。高校思想政治育人体系是指在党的领导下,通过全体教职工和学生的共同努力,以培养德育为核心,让思想政治教育贯穿于教育教学全过程和学生成长成才全过程。该体系利用多种育人手段,包括课堂教学和非课堂活动,线上线下育人空间,全方位地体现高校思想政治育人工作的全面性和整体性,具有价值性、协同性和系统性。总的来说,它是一个组合性工程,通过"点"聚集成"面",通过"线"转化为"体"。

一、传统文化德政、师法育人思想

中国传统文化强调道德修养和善治,源远流长,积淀着丰富的思想和政治教育知识。在我国古代,教育以儒家学派为主导思想,孔子是该学派的代表人物。"德政"和"仁德育人"是儒家的核心价值观,这些价值观在中华文化中传承了数千年，是支撑中华民族的重要精神支柱。孔子倡导的"德治育人"体现了最早期的"思想政治教育"理念。

《论语·为政》中孔子提出"道之以政，齐之以刑，民免而无耻。道之以德，齐之以礼，有耻且格。"[1]尽管刑罚可以震慑人们犯罪，但道德教化带来的羞耻感却能够让人们坚守道德，而且其影响更为持久。《三字经》秉承孔子观点，认为："人性本相近，但后天的习惯决定了不同的个体"，这意味着人们在出生时有着类似的天性，但后来受到的教育和训练会使他们变得截然不同。因此，教育和培养的作用在于通过对人的影响和引导来实现其发展。这表明思想政治教育对于促进人的身心发展具有重要的影响。

孔子强调道德教育是教育中最优先的事项，他认为教师的首要职责是先树立起良好的道德品质。《论语·述而》中孔子说："德之不修，学之不讲，闻义不能徙，不善不能改，是吾忧也。"[2]孔子认为，如果一个人没有进行品德的培养，没有学习知识，知道了道义却不去实践，或者发现自身有缺点但没有改正，这种情况会让老师们非常担忧。教师应该首先注重提升自己的道德修养和树立良好的道德观念，然后才能够有效地实现德育工作。因为德治育人是教育的基础。同样提倡以德治国的孟子说"以德行仁者王……以德服人者，中心悦而诚服也"[3]。在《孟子·公孙丑章句上》中，强调要推行以仁义为核心的政策和以德为基础的治理。孔子和孟子被尊称为"圣人"和"亚圣"。

"师法之化"由荀子在《荀子·性恶》中提出："然则从人之性，顺人之情，必出于争夺，合于犯分乱理，而归于暴。故必将有师法之化，礼义之道，然后出于辞让，合于文理，而归于治。"[4]据荀子所言，假若人们任由或迁就自身的欲望本性，那么就会引发纷争和动荡局面，导致国家和社会一片混乱。因此，需要通过教师的传授和法律的规范来教育和引导人们，从而达到思想教育的目的。这也是现代思想政治教育工作的重要来源之一。

---

[1] 栾锦秀.咬文嚼字读《论语》[M].北京：中国青年出版社，2011：24.
[2] 刘洪仁，周怡.论语 孟子[M].成都：四川文艺出版社，2019：66.
[3] （战国）孟子.中华国学经典读本 孟子[M].哈尔滨：北方文艺出版社，2018：41.
[4] 李学勤，叶玉麟.译解荀子[M].北京：生活·读书·新知三联书店，2021：299.

朱熹说："尝谓学校之政，不患法制之不立，而患理义之不足悦其心。"[①]宋明理学家们以朱熹为代表，强调在学校教育中，应以思想理义为主要方式，以正面教育为主，辅之以防禁惩罚。他们认为通过积极的正面教育，可以让学生理解道理，自觉地树立要求严格的自我意识。朱熹主张将道德教育放在所有教育工作的第一位，学校要培养的是"讲明义理，以修其身"的人才。[②]

我国现代高校思政育人工作的成功实现，离不开中华民族几千年来积淀的优秀传统文化。传统文化为现代高校思政育人工作提供了理论基础和重要的借鉴。

二、马克思主义理论

（一）马克思主义人的需要观

马克思曾经指出："人们之间从一开始就有一种物质的联系，这种联系是由需要和生产方式决定的。"[③]马克思主义认为，满足人类的需要是基于人类本性的，然而这需要通过实践来实现。郑永廷认为"思想政治教育是一种具有目的性具有超越性的实践活动"，[④]换一种说法是：人们进行实践活动的目的是满足自身需求，高校思政育人工作则旨在满足人类内在的学习需求和本性，并通过具有特定目的性的实践活动来实现。因此，高校进行思想政治教育实际上是为了满足人类精神和物质需求的必然结果。高校思想政治教育作为一种本能的精神活动，旨在通过大学生的实践行动来提高他们的思想水平，促进其自我认知和自我发展。其目的在于使大学生在精神、思想和物质方面都更加丰富和发达。

（二）马克思主义实践观

在《关于费尔巴哈的提纲》中，马克思明确指出"全部社会生活在本质上是实践的"[⑤]，在人的形成和发展过程中，实践活动被认为是马克思主义强调的重要因素。尽管环境对个体的成长具有显著影响，但通过实践，我们也有能力改变环

---

① 尹协理. 宋明理学 [M]. 桂林：漓江出版社，2014：57.
② 周国光. 中国古代教育论著选译 [M]. 贵阳：贵州人民出版社，1981：98.
③ 中共中央马克思恩格斯列宁斯大林著作编译局. 马克思恩格斯选集 第1卷 [M]. 北京：人民出版社，1995：80-81.
④ 郑永廷. 论思想政治教育的本质及其发展 [J]. 教学与研究，2001（03）：49-52.
⑤ 刘秀萍. 马克思论哲学与社会发展 辑录并手书 [M]. 天津：天津人民出版社，2022：59.

境本身。人们要想在实践活动中接受环境和教育的影响，就必须把教育放在实践中不断地进行改革，这也是教育受到社会及人自身各种因素制约带来的必然结果。人类以有意识的方式进行实践，思想政治教育则是具有鲜明社会性质的实践活动。高校的思政育人工作，就是把不同时代、不同环境下的思想理论融合在一起，有意识地引导不同的受众进行实践活动，并据此培养出符合时代要求的优秀人才。通过进行思想教育实践活动，我们的思维方式得到了改变，进而提升了我们的境界，这就是思想对我们实践结果的影响。

（三）马克思主义人的发展观

马克思主义人的发展观强调人的发展必须全面、自由、和谐，其包含了体力、智力、个性、思想道德和交往能力等，以满足人类全面发展的需要。这种发展观是马克思主义人学的核心之一。马克思主义认为，人的进步是在个人能够自由发展、全面发展和充分发展的基础上实现的。要使大学生在高校思政育人工作中获得全面、自由、充分的发展，就必须以马克思主义人的发展观为指导原则。为此，我们不仅需要重视学生个人的发展，更应注重全体学生的发展。需要实现多元化的发展，而非片面推进。高校思想政治教育是促进大学生全面、自由、充分发展的有效手段。

（四）马克思主义以人为本观

马克思提出："人的本质并不是单个人所固有的抽象物，在其现实性上，它是一切社会关系的总和。"[①] 在高校思政育人工作中，教育是一种相互作用的过程，在这个过程中，人与人之间的关系起着至关重要的作用。人和人之间的关系不仅是高校思政育人体系建设的核心对象，还是育人体系建设的具体实施主体。高校思政育人工作的参与主体是所有能够向大学生进行教育的教师，而受教育对象则是所有接受思政教育的学生。无论开始时的焦点还是最终目标，思政育人工作都以学生为中心、为核心，贯穿每一个环节。

---

① 中共中央马克思恩格斯列宁斯大林著作编译局.马克思恩格斯选集 第 1 卷[M].北京：人民出版社，1995：18.

三、党和国家历届领导人重要思想政治教育论述

我国高校思政育人工作体系是以中华民族传统文化为基础，在马克思主义指导下的中国特色思想政治工作体系。该体系是我党和国家领导人在继承传统基础上，不断总结经验教训并适应新形势、新状况、新变化，凝练出的马克思主义中国化理论实践成果。相关国家领导人的重要论述也成为该体系的思想政治教育基础。

毛泽东的思想政治教育理论产生于中国革命时期，是中国革命实践的产物。美国学者罗斯·特里尔（Ross Terrill）的《毛泽东传》及中国学者靳宏斌《毛泽东同志教育思想研究》中都认为，"人的因素第一"的思想始终贯穿于毛泽东思想政治教育发展的全过程，并运用于毛泽东一生的革命言行之中。毛泽东说过"掌握思想教育，是团结全党进行伟大政治斗争的中心环节"[①]，也就是说，毛泽东强调党的思想政治教育工作重点就是首先要抓住思想的主要内容，引领思想的发展方向。

邓小平在思想政治教育方面的理论，是将马克思主义的人类发展观具体应用于中国的体现。在《邓小平文选》中提到，将人的全面发展具体化，将培养符合社会主义"四有新人"的目标作为思想政治教育的根本任务和目标。在1980年，邓小平明确提出，思想政治工作必须放在极其重要的位置，并强调不能有丝毫松懈。在中国共产党第十一届中央委员会第六次全体会议上，邓小平提出了思想政治工作是经济工作和其他一切工作中最为重要的生命线的观点。党的教育工作离不开思想政治工作，后者在其中起着至关重要的作用并且有助于保障教育工作的有效开展。因此，加强思想政治工作队伍的建设与培养，可以确保教育工作顺利实施。

另外，江泽民对思想政治教育创造性地提出了首位论、首先论、基础论，2005年1月胡锦涛提出有关思想政治教育的十六字方针，等等。

在21世纪，最引人瞩目、近在眼前的理论，便是习近平总书记提出的思想政治教育思想。它被纳入了习近平新时代中国特色社会主义理论体系，并成为指导全面推进新时代高校思想政治教育的重要思想。

---

① 毛泽东. 毛泽东选集 第1卷[M]. 北京：人民出版社，1991：1094.

习近平总书记在全国高校思想政治工作会议上强调："高校思想政治工作关系高校培养什么样的人、如何培养人以及为谁培养人这个根本问题。要坚持把立德树人作为中心环节，把思想政治工作贯穿教育教学全过程，实现全程育人、全方位育人，努力开创我国高等教育事业发展新局面。"[1]他强调了中国特色社会主义大学的办学方向，即通过立德树人的方式，将培育和实践社会主义核心价值观融入教育教学全过程。加大思想指导力度，稳固掌握高校意识形态工作的主导地位。要推进思政课程的改革和创新，需要不断提升课程的思想内涵、理论深度、亲切性和针对性。习近平新时代中国特色社会主义思想的理论体系中，包括了"立德树人"和"三全育人"教育思想，它们是思想政治教育的重要组成部分。

在党的二十大上，习近平总书记强调"我们要建设具有强大凝聚力和引领力的社会主义意识形态，牢牢掌握党对意识形态工作的领导权，全面落实意识形态工作责任制，巩固壮大奋进新时代的主流思想舆论，加强全媒体传播体系建设，推动形成良好网络生态。广泛践行社会主义核心价值观，弘扬以伟大建党精神为源头的中国共产党人精神谱系，深入开展社会主义核心价值观宣传教育，深化爱国主义、集体主义、社会主义教育，着力培养担当民族复兴大任的时代新人"[2]。为新时代的思想政治教育提供了重要的指引。

第二节 高校思政育人的课程现状

高校思政教育工作针对大学生主体，已随着时代的进步、科技的发展以及高等教育改革的推进而发生一系列变化。当前，思想政治教育的氛围更加包容开放，对受教育者的个性化需求也越来越重视，此外，思政教育的形式也越来越多元化，不再局限于传统的形式。虽然互联网等信息技术为高校思政教育带来了很多机遇，但同时也带来了很多新的挑战。

---

[1] 石适.全国高校思想政治工作会议召开[J].时事（高中），2016（04）：4.
[2] 共青团中央.党的二十大报告全文来了！[EB/OL]（2022-10-27）[2023-03-10].https://baijiahao.baidu.com/s？id=1747845294347170289&wfr=spider&for=pc.

一、互联网时代高校思政课程面临的机遇

(一) 高校思政课教学的时间和空间得以扩展

大学生获取信息和表达观点的方式随着互联网的普及而发生了巨大的变化，这也使高校思政课教学可以更加灵活和多样化，不受时间和空间的限制。一方面，传统的思想政治教育活动受到场所限制，仅限于在教室、会议室等特定场所开展。由于需要兼顾老师和学生的时间安排，故活动常常只能在特定时间段内进行，无法充分利用分散的时间片段。另一方面，在移动互联网背景下，手机已经具备了成为具有计算机功能的小型设备的能力。学生通过手机连接互联网，不仅可以随时获取大量信息，而且还能够将自己认为最有价值的信息下载存储到手机内存卡中。通过这种方式，移动互联网打破了时间与空间的限制，让学生和老师之间的资源得以充分共享。

(二) 高校思政课教学的内容得以丰富

互联网是一个包罗万象的信息资源库，其内容涵盖政治、经济、军事、文化、科技、教育、体育、卫生和娱乐等社会生活领域的各个方面。由于网络的公开性，教育工作者能够轻松地获得各种优质的教育资源和全球领先的教育研究成果，并且受教育者也可以根据自己的需求和兴趣自由地搜索和获取相关信息。互联网的资源共享性使思想政治教育组织可以在全球范围内分享相同的教育资源，不受国家、地区、组织或领域的限制，进而扩大了思想政治教育的受众范围，最大化了思想政治教育资源的利用。

大学生思想政治教育工作者可以将互联网上海量的信息作为丰富的素材，以加强教育效果。随着时间的推移，网络上的数据库资源量不断增长，囊括了政治、经济、文化、军事、科技、教育等多个领域的内容。这些新的人类文化成果丰富了大学生思想政治教育的内容，拓宽了思想政治教育工作者的文化视野，形成了新的思想政治教育环境。随着网络建设的进一步发展，大学生思想政治教育工作信息来源渠道还会进一步拓宽。

互联网具有信息共享的特性，我们可以更好地传播和利用思想政治教育资源。当下我国的思想政治教育资源相对匮乏，教师队伍的构成、各高校之间的师资水

平存在较大的差异。过去，获取思想政治教育资料需要经过编写、印刷、预订和购买等多种程序，《形势与政策》等教材的更新速度很快，因此准备这些教材需要耗费大量资金。一般的高校若要邀请专家、学者或名师做讲座，需要考虑多方面的细节，同时也需要耗费很多成本。如今，网络具有信息的复制、共享、实时传输等特性，专家可以在线辅导、举办讲座，借助交互式远程教育，大量学生能够同时加入"虚拟课堂"接受名校名师的教育。这种方式能够解决师资短缺的问题，也节省了教师们长途奔波的辛苦。在线获取资料可以避免寻找、印刷、传递和储存方面的多重限制，从而减少成本，提高传播和利用效率，为推广思想政治教育提供了可能性。

互联网的自主性特征鼓励学生自发获取信息和积极参与信息交流。通过互联网，大学生可以轻松地获取丰富的信息资源并与全球各地的人自由交流思想。这无疑会激发他们的求知欲望和创造力，鼓励他们积极主动地参与并自我管理学习过程，以最大程度地利用这些信息资源。网络为我们提供了一个便捷的知识获取途径，大学生能够在任何有网络连接的地方迅速获取所需信息，了解国内外政治、经济、社会生活等各个方面的最新动态。一些综合性的思想政治教育网站整合了多方面的知识资源，使大学生能够根据自身的需求自由选择咨询内容，获取所需知识。

（三）高校思政课教学有了新方法和新平台

互联网即时而强大的互动功能拓宽了人与人之间交往的渠道，为高校思政课教学提供了更新的方法和交流平台。

1. 互联网为思政课教学提供了新方法

互联网在大学生思政教育中提供了更具形象化和生动有趣的教学方式。随着网络技术的迅猛发展，知识可以借助多媒体技术如视频等来表达。这种多元化的表达形式使知识更具吸引力与感染力。通过在网络上嵌入图像、动画和声音等多媒体元素，可以创造出具有极大吸引力和趣味性的形式，特别受到年轻大学生的喜爱。通过多种感官同时感知，多媒体在大学生的学习中发挥了强大的刺激功能，相较于仅单独使用某一种感官感知方式，其学习效果得到了明显提升。虚拟世界可以通过模拟仿真来呈现，让人们在网络上探索更加丰富多彩的体验。计算机技术借助虚拟现实技术可以构建一个真实的教学环境，通过三维图像、虚拟声音和触感带给受教育者强烈的身临其境的感觉。这对那些通常以讲述形式呈现，令学生感到乏味的思想政治理论课有着积极影响。以前，由于缺乏教学资源，教师无法实现因材施教。但现在随着电脑、多媒体、网络等信息技术的普及，个性化教学、小组协作学习和交互式学习等创新的学习方式变得可行。

由于互联网的即时性，思想政治理论课变得更具时代感。思想政治理论课内容贴合时代特征，教材包含国际关系、市场经济、社会制度等重要知识点，还与社会热点问题密切相关。利用互联网的即时性，教师和学生可以更方便地获取最新的热点信息。现今，很多网站都以非常快的速度进行更新，及时报道重大事件，甚至还有直播实况的能力。丰富多彩的时事信息可以让高校师生随时掌握世界各地发生的重要事件，实现"宅在家中却走遍天下"。

在网络时代，人们之间的距离变得更加接近了，无论距离近还是远，网络都能够让大家联系在一起。这是网络时代思想政治工作特有的优势。应用信息网络技术可以将世界各地的学校图书馆、科研机构等教育资源联结在一起，成功地实现资源的最大共享，从而使高校师生能够更加便利地学习先进的科技知识和文化艺术。

互联网的兴起为高校教师和学生之间的交流提供了新的途径，从而有力地支持和推动了思想政治工作的深化。网络构建了一个"虚拟社区"的环境，使人们能够通过屏幕进行互动交流。这种环境使大学生能够通过网络与教师进行平等、民主的交流，同时也降低了他们在面对面交流时的紧张感。通过网络交流，师生之间可以避免面对面的冲突，能够缓解师生间的紧张气氛，有助于更有效地进行交流。在这种教育模式下，教育者和受教育者进行平等的、双向的交流，能够让受教育者感到被尊重，提升了他们在教育过程中的地位。

2. 互联网为教育者与受教育者提供了交流的新平台

在新媒体背景下，手机逐渐成为一种独特的复合型媒体，因其具有较强的传播优势，用户数量逐年上涨，利用手机设备上网的人群分布也较为集中，其中青年群体占较大比重。大学生作为手机媒体的忠实群体，他们常常二十四小时微信、QQ、人人网、微博等诸多社交媒体不离线，与好友保持紧密联系，这不仅充分发挥了手机自身携带的增强人际交往的功能，而且也拉近了用户与社交网络之间的距离。所以，高校思政教育工作人员应不断探究手机短信、新闻订阅等在思政教育中的运用方式，并借助手机媒体开展一些思政教育活动。

一般传统的思政课教育教学活动主要是课堂教学，这种情况下，学生对教师都存在着敬畏的心理，因而，教师和学生之间的主要沟通方式为双方的对话或者是电子书信。信息在被传递的过程中会产生信息失真和信息衰减，这是由信息的分层传递导致的。同时，信息的传播速度和传播范围也会受到一定限制。互联网这种新技术可以使学生和老师之间的交流更为便捷。例如，他们可以利用手机QQ、微信、电子邮件等途径进行一对一、一对多或者多对多的交流。这种方法极大地扩展了思想政治教育的覆盖面和效果，同时也改变了传统的人际交往模式。

网络的虚拟性质使教育主体的权威地位受到影响，教师和学生的身份转化为数字形式，在交流中双方的关系更加平等和隐秘，降低了心理压力，提高了自由度和自主性，在这种平等自由的环境中，双方更加坦率地沟通，实现了真正的互动。随着互联网的兴起，学生和老师的沟通渠道得到了极大的拓宽和提高，无论是信息的数量还是交流的平等性，在高校思想教育工作中都得到了显著的改进和提升，满足了信息时代高校思想教育工作对效率的诉求。

目前，大学生最感兴趣的网络社交对象不仅仅是现实中的朋友和同学，也包括网络社交圈中的朋友、专业人士、娱乐圈明星等。在互联网这个虚拟的时空平台上，大学生们能够更快捷、便利地与外部世界进行信息交流。互联网是一个开放且平等的平台，能够消除时间、空间、国界、种族、经济地位等的限制，并且打破了过去人们接触人和事的局限。因此，大学生可以更容易地接触到他们想要接触的人和事，从而丰富他们的精神世界、开拓视野并培养国际化意识。随着移动终端功能的不断提升，大学生之间的交流和内容体验将越来越趋向互动化。通过使用QQ、微信、微博等工具，大学生不仅可以与个人联络，还可以与群体进行联络，这有助于加深人际关系，打破单向交流的模式，扩大大学生的人际交往圈。

（四）高校思政课教学更具实效性

随着互联网的普及，教育者能够快速了解大学生的真实想法，并时刻了解他们的心理状态。此外，互联网还可以帮助教育者与学生实现畅通交流，从而更有针对性地开展思想政治教育工作。这为教育者提升工作效果建立了一个全新的平台。

1. 及时掌握学生动态，快速处理各种情况

互联网信息更新速度惊人，几乎是分钟或秒级别的频率。借助互联网，人们可以随时获取全球各地经济、政治、文化等领域的最新动态。这种快速、准确、高效的信息传递方式，对于高校思想政治教育工作者来说尤为有益，可以使其时刻了解到第一手信息资料，进而开展学生管理工作、了解学生现状、给学生提供帮助和解答疑惑。相比以往，互联网避免了信息沟通渠道受阻、学生意见得不到及时反馈的问题，减少了对教育教学工作最佳时机的影响。

2. 畅通沟通渠道，强化思政课教学的针对性

因传统观念的束缚，许多大学生对教师存在着一种莫名的恐惧情绪，难以坦诚地表达自身的实际想法。由此导致教师难以真正地掌握学生的思想动向，从而错失了开展教育工作的最佳时机。通过QQ、微信、微博等社交媒体平台，教师可以建立班级群，为学生提供新的交流途径，从而革新传统教育方式。一条平凡的督促短信、一个简单的QQ留言、一条无意的微博评论，都能够比一次长时间的个人谈话或者课堂教育更加有效。网络通信的普及使师生之间的相互沟通更加便捷，进一步推动了师生之间的互动与交流，提升了大学生思想政治教育工作的时效性。

二、互联网时代高校思政课程面临的挑战

互联网在高校的广泛使用，对高校思政课教学的方方面面都带来了冲击和挑战。

（一）高校思政课教学存在的问题

1. 学生个性心理、思维方式和思想觉悟发生变化

目前高等院校在校生的成长环境和家庭环境与教师这一代人截然不同。随着经济全球化进程日益加快和互联网技术的飞速发展，我们的学生不断受到各种价值观念、文化潮流和网络的强烈冲击，主要表现为以下三方面特点。

（1）他们不愿被贴上标签

使用统一的标签定义当代大学生这一群体并不容易。因为任何单一的社会评价都难以捕捉当代大学生这一群体的鲜活生动。当代大学生最显著的特点之一是反对被固定的标签定义。他们不愿意被代表，因为每个人都有独特的个性，无法被复制。相对于前几代人，新一代大学生的个性更加鲜明、独特。就个人而言，可以看出当代大学生有着多样化、特色鲜明的个性。因此，很难用一个常见的价值观来总结这个群体。

（2）他们是指尖上的一代

从出生开始就接触和使用互联网的这一代大学生被称为"互联网一代"，他们中的大部分人平均每天都会花费一定的时间上网，因而网络的使用年限也比较高，互联网对于他们来说不只是工具，更是一种生活方式。

（3）表现出较强的自我认知

由于当代大学生自我认识强烈，因此他们的思想更倾向于以个人的价值为重，而非传统的责任感和国家前途。这种转变直接反映在他们的思考方式和决策上。当代大学生是具备创新精神的一群人，他们热衷于接触新事物，能够探索发掘创新的机会。"出生于2000年以后"的大学生不仅容易接受新的事物和思想，也拥有开阔的视野和提出正确见解的能力。

当代大学生的个性心理、思维方式和思想觉悟与以前的大学生相比发生了较大变化，也表现出一些问题：某些学生缺乏政治辨别能力、判断能力，不关心国家大事、社会生活和公益事业；崇尚个性与众不同，过于关注自我，功利心明显，缺少责任感、正义感和同情心；网络思维占主流，移动终端不离手，网络生活成瘾，与家人、同学和老师缺乏交流，不善于团队协作。如果只重视知识技能教育，则无法从根本上解决学生学习动力不强、价值观职业观不端正等问题。

2. 思想政治教育体制单一、不灵活

目前，高校思想政治教育的队伍主体是学校的党政干部、共青团干部、思想政治理论课教师和辅导员、班主任。大部分高等院校对于大学生的思想政治教育有两条线：一是思想政治理论课堂，一是党团学管工作。

教育部非常注重大学生的思想政治理论课程，全国所有高等院校都使用由最优秀的思想政治教育教学专家编写的教材，但课堂教学效果参差不齐，特别是某些高等职业院校更注重专业技能培养，往往忽视思想政治理论课程教学。此外，在高等院校从事思想政治理论课程教学的教师如果不了解学生专业学习需求，也可能使思想政治教育走形式、走过场，浮于表面，不能从学生出发，不能真正理解学生，从而也解决不了学生的问题，最终形成思想政治教育的"两张皮"。在具体的教学过程中，某些学校党团学管工作较为单一，活动流于形式化，相关活动设计没有结合专业教育和当代大学生的特点，不能真正吸引学生的关注，有的学生是为了得到分数而参加教学活动，不能从根本上对学生产生积极影响。

3. 思想政治教育工作者队伍不稳定

目前，一些高校思政课教学存在一个误区：学生的思想政治教学归思想政治理论课堂，思想政治工作归班主任和辅导员。这显然是不正确的。首先，目前我国高校学生管理人员的学历层次依然较低，本科层次占大多数。一些学校对学生管理人员不重视，因此很多学生工作者把学生管理工作当作一个过渡工作，而不是作为一个教育学生的终身事业。一旦有机会，他们就会考研究生或者转行到其他岗位。其次，学生与辅导员比例失调，一些学校学生管理人员配备不足，一个辅导员要管理几百名学生。一个人的精力有限，无暇顾及每一个学生，只能勉强完成既定任务，无法把思想政治教育工作做得扎实、具体。最后，一些学校的基层管理工作者在工资福利待遇等方面相比其他教师有差距，一些辅导员的生活质量没有保障，其精神世界也会出现问题，甚至可能把对环境的抱怨转嫁到学生工作上，其个人的世界观、人生观、价值观扭曲不但不能帮助教育学生，可能还会影响学生。

（二）互联网对思想政治教育施教者的挑战

首先，互联网的开放性和便利性让许多大学生随时可以获取丰富的信息，不再盲从传统的思想政治教育，如果教师讲授的内容缺乏说服力或对新鲜事物反应迟缓，就可能引发学生的怀疑，进而影响教师的权威。

其次，有些高校思想政治教育的教师现在有一定程度的"守旧"现象，他们很少使用现代化的教育资源，仍主要使用传统的教学工具，如粉笔、黑板等。在网络时代，高校思想政治教育工作者若仍奉行传统的教育方式和方法，就会无力应对当前的教育形势，也不能有效地满足学生的需求。这会导致大学生质疑高校思想政治教育者的权威性，因此，高校思想政治教育工作者需要更高的素质和相关专业技能来适应这一挑战。

最后，传统的高校思想政治教育忽略了个体的独立性和教师与学生之间的相互作用，这导致高校思想政治教育工作者的课堂教学与学生的实际需求脱离。有些大学的思想政治教育工作者在授课时主要强调考试技巧，而没有给学生足够的时间进行探讨和提问。这种教学方式可能会导致课堂缺乏吸引力，导致大学生面对挫折、心理危机和困惑时，更倾向于自我安慰或者求助于网友，而不是选择与教师进行交流。

因此，互联网时代，高校思想政治教师需要面对极大的挑战，包括他们的身份和知识的权威性。

（三）互联网对思想政治教育受教者的影响

虽然互联网为大学生的学习和生活带来了方便，但同时也产生了负面影响，具有双重性质。

首先，互联网会降低大学生的注意力水平，对其学习质量产生负面影响。互联网的灵活性、方便性和个性化服务，使大学生能够随时随地处理日常事务、进行网上学习或进行娱乐休闲，这也让他们对互联网产生了深深的依赖。由于这种依赖性，他们很难集中精力学习，一旦有机会，就会迅速地沉浸在网络世界中。这种做法破坏了纪律、规则和道德，还会进一步放大大学生自我控制方面的弱点，从而影响他们学习的专注度和质量。

其次，随着"互联网+"的发展，大学生的任性行为日益增多。网络社会的开放性使思想观念和意识形态的交流分享不再受限于民族、国家和地域。但同时，这也让不良思想的传播更加方便，同时让思想尚未完全成熟的青少年的人生观、价值观、世界观受到不良影响。大学生长期沉浸在虚拟网络世界中，可能会形成双重身份和人格并失去现实感，出现个人身份和角色混淆、人格分裂等情况。大学生长期处于这种状态可能会产生一系列问题，包括逃避现实、缺乏对人际关系的关注、社交障碍以及情绪不稳定。

最后，纠正大学生的认知观念，推动大学生的人生态度和价值观朝着健康的方向发展。移动互联网作为新媒体形式，在信息传输速度、方便程度等方面具备显著优势。通过这个经历，大学生们领悟到了世界一直在不断演变，变化是必然的，不变则是相对的，唯有变化本身是永恒的真理。他们认为只有经常使用手机，不断地点击、查看、刷新，并快速应对各种情况，才能与这个瞬息万变的世界保持同步，并跟上变化的步伐。如果缺乏科学的评判标准和理论指导，他们就有可能接受错误的思想，从而形成不正确的世界观。大学生能够轻易地通过互联网获取来自不同国家的文化传统、思想观念、宗教信仰和生活方式的信息，因为互联网是开放的。移动互联网商业化的过程中存在许多网络虚拟游戏，它们往往包含不良信息，这些信息很容易因为价值链的存在而不断更迭，进而对大学生的世界观、人生观和价值观造成深远的影响。此外，大学生本身还存在成熟度不够的问题，会更容易受到这些负面信息的影响。

（四）移动互联网环境对思想政治教育内容的影响

尽管高校试图利用互联网进行思想政治教育，但是他们发现这很难满足大学生的需求。目前，许多大学生觉得网络在思想政治教育中的应用效果不佳。当前，上网已经成为大学生主要的休闲娱乐方式。他们非常享受在网络世界中表达自己的看法和想法的这种形式。然而，很多大学生并未充分了解高校开办的思想政治教育网站，而一些同学甚至完全不知道高校思想政治教育网站的存在。

一些高校在利用互联网开展思想政治教育方面尚有欠缺，少数高校开办的思想政治教育网站并未取得广泛的社会影响，甚至面临"无人问津"的尴尬局面。这些网站的内容过于死板，只是简单地灌输知识，缺少趣味性和亲和力。此外，缺乏对学生的关注和关怀，难以赢得他们的青睐，因此高校思想政治教育网站的点击率和访问率较低。

此外，一些宣传教育内容陈旧，正面引导的吸引力和影响力比较有限，这可能会引起大学生的反感情绪。高校在开展网络思想政治教育时，存在风险较高且监管手段不足的问题。同时，缺乏完备的法规制度和健全有效的规范体系，导致高校网络思想政治教育规范化建设亟须加强。由于自由主义思潮盛行、伦理观缺失和道德责任感下降成为互联网的普遍趋势，故一些大学生的法律和道德观念减弱，社会责任感也下降了。这一现象给传统的道德准则和人文价值观带来了重大挑战。

随着移动互联网的普及，教师现在能够便捷地在网络上获取和归纳各种与思想政治教育相关的多媒体资源，如声音、影像和视频等。通过对这些资源的应用，思想政治教育从以前的平面式教学变得更加立体化、更具互动性和趣味性。因此，这股新潮流让大学生更容易接受思想政治教育，同时增强了教育的吸引力和感染力。通过移动网络，大学生不仅可以随时随地查询与学习相关的问题，而且还能在线观看专家讲座和课堂讲座，轻松高效地获取思想政治领域的知识。

1. 道德和法治教育的重要性突出

人们在移动互联网上不仅可以接收信息，还可以产生并分享信息，而且这种信息传递方式不受地点和时间的限制。此外，移动互联网信息传递的方式不仅具有双向传递的特点，还能够实现多向传递。大学生处在塑造世界观、人生观以及价值观的重要阶段。当不同的思想观念冲击到他们的时候，年轻人往往容易冲动。随着移动互联网的普及，学生更容易受到网络冲动的影响，因为网络的隐私性和便利性使他们更加容易受到虚假信息的影响。如今，大学生们越来越倾向于使用网络来表达情感和释放压力。但是，这种趋势也引发了一些问题，例如一些不道德或非法的言行时有发生。因此，我们需要注重加强大学生的网络道德教育和治理，以应对更加严峻的挑战。

2. "互联网+"使"创新"成为大学生思想政治教育的新常态

在网络时代，许多种类繁多、范围广泛的信息资源无所不包地涌现出来，这为大学生提供了更多自由选择的机会和更多发挥主体性的空间。高等学府在思想政治教育方面，得益于网络技术强有力的现代化教学手段。但是同时也存在思想政治工作者过度依赖网络教育平台的问题。这需要解决一个重要问题，即如何将现代化教学手段与思想政治教学内容相结合，使在网上和课下进行的教育互相协调，并促进课内与课外教育的相互补充，实现教师引导和学生积极参与的良性互动。这是创新大学生思想政治教育的关键。尽管网络为学生思想政治教育提供了更广阔的时空，但同时也带来了信息的泛滥、污染、骚扰、渗透以及反渗透等一系列问题。在这种情况下，应看清形势，避免风险，以达到净化网络教育环境的目的。

第三节 高校思政育人教学模式的构建与实施

一、高校思政育人教学模式的构建

（一）对我国传统思想政治教育方法的"古为今用"

我国古代思想政治教育的传授方式对于我国思想政治教育的发展具有深远影响，对于我们理解思想政治教育的定义、特点、作用和价值至关重要。在传承的过程中，需思考其局限性，克服其缺点，并充分发挥其活力。

1. 我国古代思想教育方法的局限性

中国古代的思想教育方法强调教化和修身，具体手段丰富多彩，但主要针对"化民成俗"、克己和慎独等方面。它的目标是通过施加外在压力和实施内在规范，培养居民遵从统治者教育的意识，以维护社会稳定。

在借鉴和吸收古代思想政治教育方法的优点时，需要剔除其负面因素。思想政治教育的对象是人，每个人平等，不论身份地位高低。思想观念、政治观点和道德品质的不同只是内部矛盾的一种表现形式。因此，为了达到教育的目的，必须以平等的态度进行对话、说服和沟通，通过真理、真情和真实的案例来引导、感动和激励每个人。

2. 传承我国古代的自我教育法

古代中国的思想理论家们总结出多种有益的教育方法，如启发法、对话法、说服法等。其中，自我教育法历久弥新。

自我学习法是相对于外部教育而言的。通常所说的"教育"一词，从形式上看，指的是外部教育；从更广泛的角度来看，教育不仅指他人的教导，也是他教和自教相互作用的结果。自我教育法指的是，根据社会和阶层培养的思想品德、科学文化、身心健康等方面的标准，自觉制定学习计划并选择相应的学习方式来实现学习目标，完成学习任务，评估学习结果，检查学习过程，总结经验和教训。改变学习方式，让自己更主动地学习、修养、反思、总结、批评和改进，激发内在的学习动力和创造力，不断思考问题，探索自我内心，纠正错误观念，坚定科学的信仰和真理。

在春秋战国时期，孔子和孟子认为个人应当通过自我修养和自我约束，遵守"礼"的规范，从而实现"仁"，即重视自我教育。

孔子曾说："三人行，必有我师焉。择其善者而从之，其不善者而改之。"[①] 这句话强调了谦逊学习和自我提升的重要性。无论同行的人数是多少，都会有自己的老师。因为眼前有着学识更为渊博、思想更为高尚的老师，所以自己会全力向其学习、请教。那么，向谁学习最为理想呢？当然是选择"善者"，放弃"不善者"。换句话说，应该向具有良好品德的人学习，并从不良行为中吸取教训，改正缺陷。

儒家思想主张通过反思自己提高道德水平，促进意志力和品德的提升，认为良好的道德习惯应该是受教育者自觉在日常的生活、学习和工作中形成的，这种教育观具有养成性。

（1）自我教育法的特征

首先，在教育对象方面，消除了教育者和受教育者之间的界线，因而受教育者在自我学习的过程中没有外界的影响，也没有被迫学习的压力，提高了主动性，即自觉地选择学习内容、制订学习计划、组织学习进程等。

其次，在教育过程方面，突出了"自我"的主导地位。学习是个人的自主选择和建构；学习的原因是自己驱动、自我激励；学习涵盖了个体的认知、体会、监督和控制。学习成果涵盖自身评估、个人总结、做出决策、协调行动、强化能力、自我提升、自我完善。这表明学习过程中的每个阶段都需要"自我"角色的转换和"自我"参与，从激发学习动机、确定任务、实现学习过程、评价学习成果到提出改进策略，然后进入下一轮学习等。这种方法能更有效地激发学生的主动性、积极性和创造性，让其认识到学习是自己的责任。

最后，自我教育反映了"以人为本"的思想。思政教育从业人员应该认真考虑受教育者的文化背景、学术基础和思想观念，有针对性地进行分析。自我教育的教学内容和方法取决于个人现实水平。这种教育方式以人为本，尊重、理解、依靠和相信每个人，旨在增强个体的主体性和实现个人价值。

---

① 栾锦秀.咬文嚼字读《论语》[M].北京：中国青年出版社，2011：114.

（2）自我教育法运用于当代思想政治教育中的价值

①坚持"以人为本"，提升人在教育中的主体性

"人本主义"思想强调，人类社会历史是由人类自身创造和塑造的。忽视了人的主观能动性，仅仅从事物本身或物质条件出发进行分析和论述是错误的。人的主观能动性在社会历史发展中起着决定性的作用。人类的重要社会地位源于其在创造人类社会历史中所扮演的角色。因此，经济、政治、教育、文化、艺术、宗教等领域的各种工作都应该以人为中心。我们的改革开放和现代化建设乃至为实现共产主义社会奋斗的意义，在于为人民创造更好的生活条件。脱离人，就无法体现其意义和内在价值。因此，认识并牢记人的主体性极为关键。开展思想政治教育工作也是这样。我国进行思想政治教育的最终目的是通过教育有效地影响受众，让其更深刻地理解党的路线、方针和政策，认识到自身在推进家园建设、推动经济发展和社会进步中的重要作用。此外，我们的教育还旨在激发受众的主人翁精神，鼓励他们用自己的智慧和才华为提升人类文明作出贡献。人的主动性、积极性、创造性和自觉性在自我教育法中得到了最好的体现，这正是思想政治教育追求的目标。任何任务或工作的成功或失败，都主要取决于参与其中的劳动者的工作态度和能力，但能力并不是决定性因素。面对不利条件，采取恰当的策略应对，最终就能与团队协力完成任务并保证任务质量。相反地，若是认真度不够的话，工作就会变得困难重重，甚至没有一个好的效果，不仅会浪费大量的资源，还会错失机会。

②充分体现民主性，培养民主精神

民主性是从内心实现的。民主精神是通过自我发展的。著名民主研究学者科恩曾经表示：民主就是自治。尽管这里的"自治"一词指参与国家事务的管理，但也展现了个体的自我实力。如果个人缺乏民主意识和民主精神，那他怎么能够以同样的标准要求别人和社会呢？即使接受教育，也需要自己参与和行动，才能形成民主意识。

自我教育法中同一个人在这个过程中扮演不同的角色，不存在实际上"教育者"和"受教育者"之间的不平等。因此，在平等的教育基础上建立起来的教育可以减轻教育对象不必要的心理压力，使他们更加轻松地投身于学习，最终达到"学而时习之，不亦乐乎"的境界。

③加强针对性、实效性

高校应确保思想政治教育切实反映当前经济、社会、政治、精神和文明的发展方向。其目标是保证高等教育释放出应有的优势。在现今社会背景下，要加强思想政治教育的时代感、针对性、时效性、主动性。

社会转型期存在各方利益相关者，我们难以全面了解受教育者的特点。在这种情形下，可以采用自我教育法，营造学习的氛围，让受教育者自主思考、分析和判断，确定教育的内容、难度、有效途径、形式和手段等，贯彻个性化原则。教育对象对自己的情况非常了解，包括自己的理论知识水平、思想观念状态以及疑虑或困惑等。如果针对性强，即使没有万能疗法，也能够取得明显的效果。

（二）对西方国家思想政治教育方法的"洋为中用"

虽然西方思想政治教育方法的起源和发展与我们所处的经济、政治和文化环境不同，但在如今实行社会主义市场经济体制的时代，汲取其先进经验以促进我们思想政治教育方法的革新和进步显得格外重要。

1. 西方国家思想政治教育方法的局限性

（1）选择方式的任意性

思想政治教育是一种有目的、有计划、有组织的教育活动，旨在通过明确的目标、计划和组织方法，有针对性地影响成员的意识形态，并体现出其明确的导向性。尽管西方国家在思想政治教育方面强调了个人选择方式的自由和多样性，但若缺乏必要的统一性规定，则可能削弱教育效果，在某些情况下甚至可能适得其反。

（2）唯科学的片面性

重视科学成果，把它纳入思想政治教育中，不仅能增添新颖的科技元素，也能促进各学科的融合，推动其不断发展与完善。自然科学注重精确的研究方法，特别是在数据收集方面，追求高度准确性，倡导定量分析。思想政治教育更加注重对人们的思维方式和道德水准的探究和分析，且定性分析居多。将定性分析与定量分析相结合可以增加其科学性。在实践中，西方思想政治教育方法常常受到"唯科学论"的影响，一方面过分注重数据验证和量表分析，浪费了物力、人力和财力。另一方面，如果将人类思想的复杂性忽略掉，采用简单的分类方法并错误运用，可能会对受教育者的情感造成损害。

2. 借鉴西方的渗透法

（1）采用途径和手段的多样性

达成教育目标并取得良好效果需要正确的途径和手段。随着科技和社会的进步，人们的生活方式更加多样化。传统、僵化的教育方式已经无法满足人们的兴趣。为适应时代的发展，一定要采取新的方式和方法。在进行思想政治教育时，许多西方国家强调采用多元化的教学方法。

（2）涉及范围的广泛性

渗透式教育法被一些西方国家广泛采用，其范畴不局限于政治、经济、文化、教育、军事、宗教等领域，而覆盖了多个领域。

（3）作用和影响的深远性

相比于显性的灌输式教育方法，渗透式教育方法相对低调，可能会被一些人忽视，但它可以缓解教育者和受教育者之间的矛盾和冲突，更容易被受教育者接受，可以造成更为深远和持久的影响。

3. 借鉴西方的心理咨询法

心理分析方法应用心理学知识帮助那些存在心理困境的学生，调节他们的意识水平以解决难题、减轻冲突并平衡心理，因此心理咨询从诞生起就备受欢迎，已经被广泛应用和推广到其他领域。我们可以思考心理咨询的实际价值，并探讨它在现代思想政治教育中扮演的角色。这不仅是促进社会和人类进步的必要要素，而且能培养科学精神。

（1）心理咨询的功能、工作原理及其特征

弗洛伊德开创现代心理咨询和治疗以来，这个领域一直受到学术和理论界的关注，并在实践中得到了推广和应用，效果显著。根据实际经验，对那些遭受心理折磨的人进行心理测评和分析，通过解决其心理层面的问题来帮助他们恢复平衡和健康，比单纯依靠药物治疗更有效。心理咨询的作用在于缓解个人心理上的矛盾和冲突，并促进个体自我的和谐和统一。

物质存在决定着意识的发展，而意识则是物质的一种表现形式，但也能独立地发挥作用。然而，人类大脑的机能会影响到人的能动性。因此，意识是人们在使用语言交流的社会实践中不断产生的对客观现实的一种认识或反映。心理的高级形式是意识，但不能以此推论所有具有正常头脑的人都拥有健康的心理状态。因为人类是一种社会化的生物，"在其现实性上，它是一切社会关系的总和"[①]。个人的存在意义和生活价值，只有在得到社交群体的认可和接纳时才能体现。

（2）心理咨询在思想政治教育中运用的当代价值

首先，坚持人本主义理念，保证思想政治教育具有公正、民主和创新的特点。人本主义的思想认为人类在探索和改变世界的过程中具有重要地位。在进行思想政治工作时，要"坚持以人为本"，从人的角度思考和解决所有问题，以人为出发点和目标。

"以人为本"的理念要求我们关注他人的需求、尊重其权利、理解其感受、给予其关怀、信任其能力。在心理咨询的过程中，建立一种咨询者和咨询对象间的平衡关系是必不可少的。心理咨询的实质是心理咨询师与来访者进行精神交流，帮助他们缓解心理障碍和压力。只有这样，才能确保思想政治教育在借鉴心理咨询方法的过程中教育者与受教育者之间的公平与平等。

其次，考虑人类心理的运作模式，贴合人类进化的发展阶段，深入掌握思想政治教育方法的规律。一个人不断成长，他的身体也会逐渐发生变化，生理机能也会逐渐成熟并开始独立运行。"机制"原指机器的搭建和操作原理，此处指生理和心理方面的工作方式。人类的心理运转方式是指一系列心理过程，包括认知、情感和意志等，也就是心理运行机制。"知"这个词包含了感觉、知觉、关注、回忆、想象和思考等各个方面。在客观事物刺激人类感官时，大脑首先产生该事物的具体属性，接着是整体形象，然后是对特定对象心理上的指向、注意和反应，最终会进行心理创造并使用语言对其进行归纳和反映。"情"指的是个体感受到事物与自身需求是否相匹配的态度体验。"意"指的是个体有意识地调整和掌控自己的行为，以达到预定的目标和方向。通常来说，人类的心理活动按照从感性认识到理性认识再到意志活动的顺序进行，也就是先体验，后进行理性思考。心理咨询侧重于帮助受助者主动探索自我，揭示导致其心理不平衡（心理障碍）的根本原因。因此，在进行心理咨询时，必须遵守人类心理机制运作的规则。

---

① 中国社会科学院哲学所历史唯物主义研究室，中国历史唯物主义研究会.马克思恩格斯列宁斯大林论人性异化人道主义[M].北京：清华大学出版社，1983：43.

(三) 推动思想政治工作理念的创新

理念是制定战略决策的哲学基础，也是所有行动的理论前提。想要与时俱进、满足社会实践的需求，就要形成创新意识，更全面地思考思想政治教育面临的新问题，理解思想政治教育和社会发展之间的内在联系以及人的客观发展规律。要细心地观察和评估社会进步的新动向、新观点，以及思想政治教育所需应对的新要求和新挑战，提高思想政治教育的针对性、时效性和主动性。

1. 以人为本的理念

"人本主义"是科学发展观的重要构成部分，它包括目标和过程两个方面。其目的是创造人全面发展的社会，要求在教育过程中始终强调人的全面发展。任何制度的演变和任何工作的推进，都需要考虑是否满足了全面发展的需求，是否能够代表、捍卫并实现最广大民众的根本利益。

首先，人本德育理念的核心是促进人的全面发展，回答"培养什么人"的问题；再次，强调"以人为中心"，要求德育工作始终以人民群众全面发展和健康成长的需求为出发点，以更好地实现人民的根本利益，回答"如何培养人"的问题。在贯彻"以人为本"的德育理念时，需要从四个角度思考"培养什么人，如何培养人"的问题。在教育目标方面强调以人为本，注重全面发展，将人的成长视作教育的目标和落脚点，作为教育的基本原则。这里的"人"不仅限于青少年学生，同时也涵盖了专业教师和德育工作者。因为德育的教育系统是双向的，不仅能够对学生进行引导和推动，同时也会对教师和德育工作者产生影响。

在教育中应注重强调个体的自主性和独立性，充分尊重个体的人格、基本权利和价值观，使道德教育紧密结合人类的幸福、自由、尊严和最终价值观念，与民众建立深度联系，充分激发和调动学生的积极性、主动性和创造性。要引导人们进行自我教育，唤醒他们对于生命、生活及自然界的美好感知，教导他们建构时代精神，追求高尚情感，塑造良好品格。以民众为主体并不意味着教育工作者放弃了自己的责任和主观能动性。要激发民众自主成长和进取的主体意识，改变他们被动接受"灌输"的状态。只有如此，道德教育工作才有可能更加积极有效地指导和协助公众。在教育方面，应该优先考虑民众的需求，尊重他们的要求，以满足民众需求为主要目标，为他们创造更好的环境和条件，开辟更广阔的学习平台和空间，以现代化的观念和方法培养素养发展、人格完整的人。当然，确保民众的利益、满足其需求，并不是无节制地顺从。应该在国家、社会和学校规则的指导下，找到适当的平衡点。

在教育方面要注重与日常生活相结合。生活教育是最有效的教育形式，能够产生极大的教育效果。比如，强调文化教育，创造积极的文化氛围，使人们在社会文化熏陶下茁壮成长。随着民众自主意识的不断提升，我们不能再进行喊口号式教育，也不能再像过去那样单向地灌输知识，而应该建立民主、平等、和谐的教育环境，让学生在自我选择和引导下成长，找到发展成才的答案。

2. 素质教育的理念

我国教育在长期实践中逐渐总结出了素质教育的理念，并持续不断地进行发展和突破。素质教育的宗旨在于支持人的全面发展，提高大众素养。此外，它尊重个体独立性，注重激发个人潜能，培养健全人格和塑造个性。随着社会和科技的不断发展，社会竞争越来越激烈，这就要求我们必须具备综合素质，包括适应环境、创新能力、人际交往能力、广博的知识和实用技能。这些素质不是单独存在的，而是紧密相关、互相影响的整体。因此，素质教育必须综合考虑每个人整体素质的不同方面。在高等教育的道德教育实践中，注重知识与品德兼备，求学和做人并重。

从静态的视角来看，德育与素质教育是密不可分的，二者在内容和目标方面有许多相似之处，是个体与整体之间相互包容的互动关系。另外，从动态角度来看，德育能反作用于素质教育，最终为素质教育服务。这种相互促进的关系是不断递进的，循环不息的。德育是素质教育的基础和灵魂，它综合考虑了人类社会的变迁和需求，利用内在和外在因素不断相互作用，引导和影响人才成长。

在现实工作中，由于观念不同，有些人常常呈现出极端的状态，即表现为德育和智育截然不同的情况：在某些地区和学校，由于受到应试教育的影响，出现了重视知识技能而忽视德育的情况，这会导致学生片面追求知识，忽视道德品质和人格素养的培养。相比于人的全面发展方面的教育和服务，德育工作中对某个方面的要求更为突出。在工作中，常会单独关注德育的一个方面，而忽略全面德育，特别是在把整合思想政治要求融入学生的成长和发展全过程方面，仍需要进一步研究。

3. 解决思想问题与解决实际问题相结合的理念

在德育工作中，有两个非常重要的概念，一个是应对人们的思想问题，帮助他们建立正确的世界观、人生观和价值观。另一个问题是解决个人的实际问题，促进他们的成长和发展。思想政治教育的本质在于培养人关心、爱护他人，并能为人服务的能力。将解决实际问题与提高思想认识相结合，以此为出发点，可以提升思想政治教育的实效性。根据历史唯物主义理论，社会的观念和思想会受到社会存在的影响。实际问题引发了人们的思想问题，并且与之共存。想要引导人们，需要重视并解决他们在日常学习生活中遇到的实际问题，这些问题是由不同因素和动机导致的。目前，如果不从利益出发去考虑他们的思想问题，也不去重视并解决他们的实际问题，仅仅用"正确对待"这一点来总结，很难实现目标。因此，必须将解决人们的思想问题和实际问题紧密结合，在讲道理的同时解决实际问题，使工作取得成效。

当前，社会正在发生转变。在越来越激烈的人才竞争和就业市场中，大学生作为过渡期群体，需要适应不断变化的环境和挑战。然而，他们也面临着许多压力带来的思想和实际问题。由于家庭贫困的原因，他们对社会公正产生了怀疑。因为就业前景不确定，对激烈竞争感到疑惑。作为一群独特的人群，大学生不仅在意问题的结局，而且特别重视问题解决过程中的方法和态度。因此，他们渴望学习解决问题的方式和角度，表现出对学习的强烈偏好。

有些道德教育者在实践时，可能会忽视思想问题和实际问题之间的关系，过于强调思想教育，而忽略文章在实际应用方面的作用。认为只要解决了实际问题，思想问题也就会得到解决。在德育的实践中，需要精确了解人们遇到的具体问题，明确需要解决的问题以及解决这些问题的时间。如果没有将问题解决的思维方式与实际应用结合起来，我们就难以将工作转化为实际成果并取得成功。如果只关注解决实际问题而忽视了思想教育，那么德育工作的价值将会被削弱。要想解决思想问题，最好的方法是解决实际问题。面对实际问题，我们需要提升思维素养并意识到思想问题对人文意义和精神支持的重要性。这样，通过相互协作和相互激励，能够极大地提高工作的实际可行性。

4. 骨干队伍建设专业化、专家化的理念

德育工作有其科学性，因为它有自己的研究领域、内容和规律，可进行系统、理性的研究与实践。近年来，我们在学科建设和理论研究方面已经取得了相当大的进步。另外，丰富的实践经历为促进德育工作的科学化发展提供了有力的支持。为开展道德教育工作，必须组建并管理一支专注于专业化与专家化建设的核心团队。这是道德教育工作的坚实基础，同时也是加强并改善道德教育工作的前提。为了提高德育工作的质量，我们需要建立一个高效、专业的德育团队，这需要我们深入阐述如何打造专业的团队，并从以下四个角度进行实际工作的落实。

（1）推进德育工作队伍学习型组织建设

学习型组织具有强烈的进取心、持续改进和自我提升的精神，其核心特征在于全员普及培训、实践和学习相辅相成，旨在实现个体和组织的共同发展。创建一个注重学习的德育团队会激活团队成员的精力、自发性和创新力，从而增强他们在工作中的信心，推动个人和组织的长期发展。

（2）推进德育工作学科建设

为了提高德育工作的专业性，需要发展德育学科并建立科学规范的学科体系，以便培养更多专业的德育工作人才。

（3）推进分层次、分梯队培养工作

为了促进德育工作者整体工作水平和能力的提升，我们可以采取以下措施：建立团队规划，设立培训计划，提供实践机会，加强交流和考察。为了培养多领域、多特长、不同阶段的教育管理专家，我们需要设计一个系统性的计划来组建德育工作队伍。专业硕士和博士课程应当考虑学生工作的核心特点，以便更好地培养他们的技能和知识。

（4）建立和完善德育工作队伍的激励保障机制

我们需要建立行业标准，以评估从事德育工作的干部的素养水平。制定德育工作干部的职衔和职业晋升标准，能够有力地保留那些具备专业素养的人才，并建立起一个相对稳定和专业化的团队。此外，我们需要为从事德育工作的领导干部提供充足的发展机会，使他们得以在内外部获得更深层次的发展，以便保持团队的相对稳定性和重要成员的稳定性。这些团队可以作为有潜力的人才储存库，以备党政领导干部使用。

（四）坚持解放思想、实事求是的思想路线

实事求是是我们党思想路线的关键所在，它是贯穿我们党信念核心的要义，涵盖马列主义、毛泽东思想、邓小平理论、"三个代表"重要思想、科学发展观、习近平新时代中国特色社会主义思想。我国党在革命和建设的历史中，始终贯彻实事求是的原则，将马列主义的基本原理与中国的实际情况相结合，创造了适应我国国情的发展道路。这一正确的道路使我国在新民主主义革命、社会主义革命和建设方面，不断取得历史性的突破和巨大成功。党的十一届三中全会，已经过去了40多年。在这段时间里，我们的党采用创新性的方式，开辟了一条全新的路，也就是建设中国特色社会主义的道路，并且在这条路上取得了引人瞩目的巨大成就，引起了全球的关注。这与持续拥抱开放、追求实事求是的思维模式密切相关。实践证明，只有持续地开放思路、坚持实践求真的态度，才能让理论与实践相互交融、相互印证，在不断探索中达到一致。

但是，只是被动地遵循上级颁布的文件和任务，都是不够的。考虑到不同战线、行业、单位及个人的特殊情况和问题，上级文件和要求是综合制定的。要更有效地解决这些特殊情况和问题，我们必须根据具体情况量身定制教育内容和教学方式。我们在每段时间内都需要做出决策，考虑上级提出的哪些内容是最重要的。为了达到领导的要求，我们需要根据不同单位和教育对象的具体情况和特点，量身定制教育内容，并选择更为受众欣赏的方式与方法。只有实施这种方法贯彻政策，才能在思想政治工作中取得更显著的效果。

毛泽东说："'实事'就是客观存在的一切事物，'是'就是客观事物的内部联系，即规律性，'求'就是我们去研究。"[①] 这个阐述非常确切，包含了深刻而丰富的内容。这个定义表明需要以实际情况为出发点，寻找正确的方向。正确的答案已经存在于事实之中，因此必须从实际情况中揭示真相，才能找到正确的答案。

我们应该积极思考，对收集到的有关"实际情况"的材料进行深入剖析。这个研究需要进行更彻底的探讨，就好像挖隧道需要完全打通一样。这意味着我们需要保持思维的敏捷性，并拥有较为深厚的马列主义理论功底。

我们应该意识到，正确的"是"不仅仅取决于客观事物本身的规律性，而且还必须考虑到主体实践活动的规律性。我们必须以客观存在的情况作为出发点，并深入分析这些情况，才能找到正确的方针、政策和方法。实事求是的要点在于以事实为基础，以确保得出准确无误的结论。为了获得正确的认知并有效指

---

① 毛泽东. 毛泽东选集第二版（第三卷）[M]. 北京：人民出版社，1991：801.

导实践，我们需要通过物质和精神之间的相互关系不断建立联系和桥梁。在这个过程中，实践和认知相互促进、相互支持，共同推动我们实现目标。只有进行深入且反复的实践，我们才能完成这个过程。只有通过不懈的努力和刻苦的付出，我们才能实现真正的客观求实。每位从事思想政治教育工作的人都要遵循实事求是的原则，因为思想工作本质上只有两个方向：一是积极引导，二是指导批评。第一种方法可理解为提供人体所需的营养，而第二种方法则理解为帮助人们治疗疾病。思想工作者必须对教育对象的思想、状况等方面做到深入、全面的了解。若想提供充足的营养，需先了解对方的营养缺乏状况。如果想治愈某人的病，需要先确切地了解这个人患了什么病。如果我们不理解教育对象的想法，我们的思想工作可能就会变得毫无效果，没有明确的方向。因此，作为思想政治工作者，应该积极展开调研活动，并广泛接触群众。需要深入基层，比如到农村田野、工厂车间、社区，甚至到建筑工地等地去实地调研。运用讨论和问卷调查等方式全面地掌握人们内心真实的思维和情感状态。要对大规模收集的原始数据进行深入的分析和研究，以便总结出规律和提炼出核心精华，从而构建基于规律的思想政治工作方法和形式。若我们针对一个群体或集体展开研究，就必须通过调查和分析来确立该群体中的共性问题和亟须解决的难题。我们需要识别受众的背景才能够有效地开展思想政治工作。只有作出这样的确认，我们才能够深入推进工作。

基于上述条件，可以得到结论：若要坚持实事求是的原则，首先需要具备高度负责的态度，对国家和人民负起责任。只有具备这种精神，我们才能坚持真理，不受权威和书本的限制，只注重实际情况并勇敢面对。只有拥有这种精神，我们才能够勇敢地忍受痛苦，专注于工作，并持之以恒地投入调查研究中。只有拥有这种心态，才能不懈地努力和创新，不断挑战自我，实现更大的成就。其次，必须具备精深的理论知识和优秀的思维能力。要从经验材料中理解本质和规律，就要具备逻辑或辩证思维的能力，如抽象和概括。为了找到有针对性的教育内容，需要熟悉哪些文献具备相关信息。想要说出全面而深刻的道理，就需要真理。如果我们符合这些条件，那么在思想政治工作中，我们几乎不会遇到什么难题。

（五）加强针对性、实效性、主动性

为了推动思想政治工作的创新，我们需紧紧依据"三性"（工作性质、特点和规律），坚持以实际情况为出发点，积极走向群众，关注并解答他们的需求和疑虑。同时，对工作进行认真总结，特别是找出关键且薄弱的环节，有针对性地加强和改进工作。我们需要避免一味追求形式，死守教条，或者过于简单化和片面化，而要注重方法和方式，真正关注工作效果，并不断提升思想政治工作的实际成效。在进行思想政治教育时，必须考虑到实际情况，采取因地制宜、因人而异、因事情而异、随机应变的方法，要努力做到四个结合。

1. 把先进性要求与广泛性要求结合起来

教育应该考虑不同人群的认知能力和不同时期的社会现状，按照层次分别实施，明确不同阶段必备的、可接受的和必须抵制的内容，同时激励高水平的学生，带领不同程度的学生共同进步。我们必须积极倡导集体主义精神，以实现国家、集体和个人利益的平衡。我们需要教育人们秉持"五爱"精神、遵守社会公共道德，同时也要遵从党和国家的法律法规、政策。共产党员，尤其是在领导岗位上的干部，应以更高的标准要求自己。我们需要指引他们树立伟大的目标，积极传承奉献的精神，以身作则地践行共产主义的价值观。

2. 把思想政治教育与改革、发展、稳定结合起来

在生产经营中贯彻思想政治工作，与经济和其他业务工作紧密结合，以改革、发展和稳定为基础，调动所有积极因素渗透到各项实际工作中。我们需要贯彻维护团结稳定的策略，采取正面的宣传方式，引导公众正确看待事物，倡导积极向上的声音和主流思想，应对各种挑战，凝聚各方面的力量，将不利因素转变为推动发展的力量，同时激发干部和民众的积极性，确保他们能够充分发挥自己的潜力。

3. 把以理服人与以情感人结合起来

我们党的思想政治工作既注重理论思考，又重视实际操作，这是我们的成功经验和优秀传统。在进行思想政治工作时，需要表达合理的观点，帮助民众化解心理问题，并提高自身的思想水平。然而，需要认识到的是，当前群众中存在的思想问题主要是实际问题未得到恰当解决带来的。解决这些思想问题不能只凭空

探讨，而需从实际问题着手解决。因为这些问题是由实际困难导致的。要解决问题，我们必须遵循"关注、理解、尊重人"的原则，并将理论与实践相结合。我们不仅需要说服他人，还要用真挚的情感感染他们，让他们产生共鸣。在开展群众工作的过程中，我们需要在情感上更加投入，避免出现浅薄、冷淡、自大、强硬等不良态度，全面努力保证所有有益事项能够真正实施且得到有效落实，进而确保党和政府的关怀和温暖真实地传递到人民心中。

4. 把立言与立行结合起来

我们需要坚定深入的民主思想，并且贯彻群众路线，虚心地向群众学习，持续提升我们为人民服务的态度和水平。我们的同志在思想政治工作的领域中，应该是人类精神层面的专家。如果想要指导、启发和促进大众，就必须先拥有高水平的自我修养和精神内核。如果希望别人做出某种行为，那么我们首先自己就要做到。为了让群众不做某些事情，我们必须首先做到自己不去做那些事情。思想政治工作者，特别是各级领导干部，应该深刻认识到自身的行为举止对于他人的影响和示范作用，因此需要注重树立正确的信仰和价值观，并通过身体力行的方式激发群众的积极性，成为他们的良好榜样。我们需要把口头表态和实际行动结合起来，用真理的力量和人格的力量塑造出更好的自己。

二、新时代高校思政育人教学模式的实施

新时代高校的思政育人教学中，自主学习模式具有重要意义。为了在思政教育中落实自主学习模式，需要搭建两个平台——课上平台和课下平台，以促进学生更好地自主学习。课程平台要求教师在上课之前，与辅导员和班级干部进行座谈，以便全面地了解学生的情况。在新学期开始之际，老师需要将学生分成小组，每个小组成员不得超过10人。这样做的目的是让学生们制定一个特殊的小组名字、标志和团队歌曲，增强小组之间的凝聚力，便于在未来的学习活动中更好地展开合作。课下平台要求教师充分利用互联网资源，通过开设个人博客或在学校内部网络上传课程资料、练习和感悟的方式，为学生下载和参考学习资料提供便利。为学生提供一个互动平台也是可行的，例如开办一个班级社交媒体平台，如微信群或QQ群，用于开展思想政治理论课，每学期更新一次。在这个平台上，学生和老师可以交流，讨论时事议题，解答学生遇到的思维难题与疑虑。另外，

学生还能够相互交流，协作进步。自主学习模式由以下三个步骤组成：自主学习、自主应用和自主管理。

（一）自主学习

自主学习部分（自主读书、自主辩论和自主练习）的目的在于激励学生自发地阅读、独立思考、自我练习，以实现对教材内容和相关政治思想理论的全面掌握。

1. 自主读书

为了鼓励学生积极参与课堂活动，教师应该精通教材内容，熟练掌握教学知识，并在讲授时注重强调重点、难点和热点问题，同时明确阐述每章学生应掌握的基本知识。其次，教师应为每个教学单元提供阅读指导，并制定详细的指导计划，激发学生自主阅读的热情，鼓励他们提出问题。

2. 自主辩论或讨论

当学生遇到困难时，最好的解决方法是先在小组内交流并找到解决方案。如果问题仍无法解决，可以考虑与其他小组进行交流和辩论，导师则扮演指导和总结的角色。

3. 自主练习

每次课程都需要教师精心设计思考性问题。每个学生可以挑选5个思考题并尝试解答。在同一组中，每位同学选择的题目必须保证唯一，不得重复。随后，学生们需进行交流和探讨，教师则对整个过程进行引导。

（二）自主应用

在自主应用环节中，我们要着重激励学生参与自主竞争、自主实践和自主写作，以便锻炼他们的理论知识运用和问题解决能力，这样可以提升他们的灵活性和分析思考水平，从而达到关键目标。

1. 自主竞赛

每个学期，通过举办知识竞赛，围绕纪念日活动、热点问题和难点问题等，帮助学生更好地了解和理解时事问题。竞赛应以小组为单位进行，各组之间进行比较，学生需要自行准备选题、评判和主持等环节，教师则以监督和指导为主。

2. 自主实践

学生应该自主选择实践方法，这是在学习中必须遵循的原则。起初，教师会进行教学，接着引导学生探寻网络资讯以及独自构思演示文件，最终展开授课环节。还有一种方法是通过教师辅导，让学生自主设计调查提纲和选择采访对象，然后展开社会调查并编写调查报告，在课堂上向其他同学展示调查结果。

3. 自主写作

教师会就授课内容安排论文题目，并支持学生自行选题、深入探讨，以编写高质量的论文，从而提升学生的写作技巧和知识应用能力。

（三）自主管理

为了提升学生自主管理能力和教师教学水平，我们设置了自主总结、自主考试和自主测评三个环节，并鼓励学生积极参与。

1. 自主总结

每个学期开始时，老师会给每个小组分发笔记本，让学生自行记录本学期他们的成长历程和课堂参与情况。在学期结束时，每个学生都需要记录下自己的学习经验。同时，学生们也需要提供一些建议给老师，以帮助他们更好地了解教学效果，并在适当的地方进行改进。

2. 自主考试

为了更贴近学生的生活实际、提高学生的思维能力，我们应当向学生征询试题题目，尤其是分析题题目，还应该采取开卷考试的方式，鼓励学生注重能力的培养，而不是仅仅依赖死记硬背。

3. 自主测评

自主测评由两个主要方面组成，其中之一是学生对于教师授课方式、内容、教育态度和行为准则、授课方法以及教学效果进行评估。评分系统会鼓励教师不断改进和提高授课水平。随后，我们将对学生进行综合评价，包括学生自我评价、小组评价和教师评分三个方面，旨在确保学生的成绩公正客观。

自主学习模式的运用为改善传统教育及考试方式做出了贡献，也修正了过去单纯注重知识讲授和考核而忽略学生问题分析和解决能力培养的问题。除此之外，自主学习模式还鼓励学生积极参与学习，从而提高他们对思想政治知识的理解和掌握能力。使用该模式能够有效地提高教学效果，并帮助教师提高自身的能力水平，因此这是推进思政教学改革的重要途径。

第三章 高校思政育人的体系构建

本章集中在探究高校如何构建思想政治教育体系方面进行了思考和实践。其中，我们主要围绕三个方面展开探讨，包括高校目前的思政育人体系状况、构建思政育人体系的基本原则和内容以及实施构建思政育人体系的策略。

第一节 高校思政育人体系构建的现状

一、高校思政育人体系构建取得的成效

（一）教学方法体系

自中华人民共和国成立以来，高等教育中的思想政治理论课一直扮演着重要角色，并不断探索和创新教学方法，以适应不断变化的教育需求。在1985年之前，大学教育的模式基于实践，将理论和实践元素融合在一起。它注重将政治教育与实际工作结合起来，使用启发式和体验性的教学方法。

从1998年起，教育领域开始采用更多元化的教学方法，包括讲授、讨论、案例分析、个性化教学、实践体验和探究式学习等方式。目前，应该充分利用现代技术推动教学方法的改革。2005年以来，高校更加强调将理论与实践相结合，积极推动启发式、参与式、研究式和讨论式的教学方法，采用专题讲授、案例教学、示范教学等方式进行教学。同时，人们广泛使用新媒体网络，以便实现教学方式的现代化。特别强调实践教学在这个过程中备受关注且具有突出的重要地位。

现今，常用的教学方式大体上分为启发式和专题式两类，均以课堂授课为主要手段。将师生之间的互动方式分为五种不同的形式：案例式、情景式、讨论式、体验式和项目式。

毫无疑问，经过七十多年的连续创新发展，我国高等教育已成功打造出了一套科学可行的高校思想政治理论课教学方法体系。我们需要以科学的方式研究和了解高校思想政治理论课的教学方式。这意味着要综合考虑不同教学阶段采用的方法，避免断裂和忽略历史上的传承。为了避免过度简单化和忽略不同阶段的特点，我们需要考虑整体和阶段性的发展。我们需要意识到教学方法具有科学性，有一些方法必须使用现代技术设备才能达成。这些方法是建立在现代技术进步基础上的，而在改革开放之前还未普及或尚未实现。

自中华人民共和国成立以来，我国高校思想政治理论课的教学方法有了显著改进和发展，各个时期都形成了不同的教学方法，并取得了重要的成就。这些教学方法能够以多种不同的形式呈现，使教学更加富有变化和多样性。随着时代的演变，高校思想政治理论课的教师们不断尝试创新教学方法并加以实践，探索出一系列行之有效的方式，值得广泛借鉴和推广。同时，高校思想政治理论课的教学方式不断创新，强调理论与实践的有机结合，注重关注人性因素并加以融合。从中华人民共和国成立到1985年这段历史时期来看，教育教学方法主要注重灌输理论和传授知识，但忽略了受教育者自身作为主体的重要性。自1985年以来，教学方法的重点逐渐转向受教育主体的实际情况。在过去，教学方法主要强调理论灌输，现在则更加注重人的本质和协同发展。从此，高校思想政治理论课日益强调"培养德育先行、全面发展"的教育目标，这无疑是教学方式的重大进步。

除了教学方法的广泛发展，教学手段也在日益多样化。根据时空不同，我们可以将载体分为传统载体和现代载体两类。按照领域分类，载体可以被分为课堂内外的两种类型。可以根据是否使用现代网络信息技术作为媒介，将媒体类型分类为线上媒体和线下媒体。基于所使用的教学材料，载体可以分为不同类型，例如课程、文化、活动以及大众传媒。

随着教学方法的不断更新，高校思想政治理论课的教学形式也变得更加多元化，这在一定程度上为教学提供了更加灵活的方式。

（二）课程体系

自改革开放以来，我国的高等教育一直积极跟随时代而变化，并努力探索高校意识形态教育的改革方向。因此，我们不断改进公共政治课的教育体系，强化相关建设，以有效支持高校意识形态教育。下面是我国高校思想政治理论课课程设置自1978年以来的发展历程，详见表3-1-1。

表3-1-1　1978年以来我国高校思想政治理论课课程设置变迁情况

课程	1978年，"老四门"	1985年，"新四门"	1987年，"两课"	1998年，新"两课"	2005年至今，新课程体系
马克思主义理论课	辩证唯物主义与历史唯物主义	马克思主义原理	马克思主义原理	马克思主义哲学原理	马克思主义基本原理
	政治经济学	中国革命史		马克思主义政治经济学原理	
	中共党史	中国社会主义建设	中国革命史	毛泽东思想概论	毛泽东思想、邓小平理论和"三个代表"重要思想概论（2008年改为：毛泽东思想和中国特色社会主义理论体系概论）
	国际共产主义运动史	世界政治经济与国际关系	中国社会建设	邓小平理论概论	
	—	—	世界政治经济与国际关系	当代世界经济与政治	中国近现代史纲要
	—	—		形势与政策课程	形势与政策课程
					当代世界政治与经济
思想教育课程	—	—	思想道德修养	思想道德修养	思想道德修养与法律基础
			法律基础	法律基础	

高校公共政治课课程体系的发展变革经历了一个应对世情、国情发展变化、满足人才需求的过程。教育部为了让高校人才能够适应21世纪的对外开放挑战，增加了名为"形势与政策"的课程，并且在新的课程计划中加入了"形势与政策"以及"当代世界经济与政治"两门课程，旨在培养学生的全球视野和时事意识。

我国高等教育中的政治课程体系在此期间经过了变革和进步。这种经验遵循了事物演变的基本规律。中国正在经历一个新的发展阶段，这个阶段突出体现了中国特色社会主义的特点。在党的十九大会议中，我们看到了马克思主义在中国的最新应用成果。在此背景下，我国高校已经展开了对习近平新时代中国特色社会主义思想的探究和深入学习。

2019 年 8 月，中央办公厅和国务院办公厅联合发布了一份文件，旨在提高学校思想政治理论课的质量，促进党的理论创新。该文件名为《关于深化新时代学校思想政治理论课改革创新的若干意见》。这段文本凸显了思想政治理论课程群以习近平新时代中国特色社会主义思想为核心的重要性，并公布了全国重点马克思主义学院最初推出的名为"习近平新时代中国特色社会主义思想概论"的课程。这不仅能够充实思政教育课程的理论内容，还有助于确保教育内容紧跟时代步伐，适应时代变化的需求。

党的二十大报告强调了全面贯彻党的教育方针的重要性。其中一个至关重要的任务是坚决实施立德树人的基本任务，为培养新一代的社会主义建设者和接班人奠定基础。这些新人必须发展全面的德智体美劳素质。思想政治课是高校不可或缺的教育环节，有助于实施立德树人工作的根本任务，同时也是加强和完善高校思政工作的核心工作。[①]

高校公共政治课程的建设可以从思想政治理论课程体系建设中汲取经验，并从中获得宝贵的建议指导。

（三）教材体系

随着高校思想政治理论课的扩展和改良，我们必须升级和完善课程教材，以迎合其发展需求和内在要求。自 20 世纪 80 年代以来，高校公共政治课的教材编写经历了多重发展阶段。最初阶段是各校自主编写，后来推荐和选择了优秀教材，然后进行了统一编撰。

1980 年，教育部发布了新规定，规定所有高等院校必须遵循教育部有关马克思列宁主义课程的基本内容和章节体系，允许根据教学大纲或学校特点自主编写

[①] 共青团中央.党的二十大报告全文来了！[EB/OL]（2022-10-27）[2023-03-10].https://baijiahao.baidu.com/s？id=1747845294347170289&wfr=spider&for=pc.

和使用教材，以确保教学内容和质量。同时，他们还有权选择推荐的教材，并有专门负责思政课程的教师协助编写阶段性教学计划。

全国马克思主义思想理论课教材编审委员会于1985年创立。该委员会负责撰写思想政治理论课程、编写教材以及深入研究有关资料等任务。这些努力带来的结果是，思想政治理论课教材编写水平更具科学性和专业化，水准有了显著提高。1998年，教育部设计了一套多样化的教学资料，覆盖不同学科领域，并积极向全国高等院校推广使用。除了被教育部批准作为改革试点的学校，其他高校不能自主编写教材。

自2005年起，中宣部和教育部启动了一项新的课程方案，另外成立了高校思想政治理论课教材编写领导小组，该小组专门负责集中编写相关教材。接着，成立教材编审委员会，为思想政治理论课教材的编写、出版、使用提供了统一的阶段性规划。这也表明可以建立一套高质量的教材编写体系。编写教材的过程中，我们不断追求创新和更新，积极引入最先进的理论和思维方式。同时，我们一直持续地推行"三进"计划。2019年，中共中央办公厅和国务院办公厅发布了《推进新时代学校思想政治理论课改革创新的若干意见》，文中呼吁国家教材委员会负责全国各级学校思想政治理论课程教材的编写和审核，以实现责任的统一。这意味着在教材指导纲要中，将习近平新时代中国特色社会主义思想作为核心，同时也将强调中华传统文化、革命文化、先进社会主义文化、科技创新文化和国家安全观等作为重要的教材指导内容。

随着时间的推移，我们不断完善和改进思想政治理论课的教材体系。我国已经在建设高校思想政治教育所需的教材体系方面取得了明显的进步。教材体系的不断改进为传授意识形态教育知识提供了途径，并为将意识形态教育置于课程体系的核心地位打下了重要基础。

实际上，思政教材既要具有深刻的理论性，又要表达得生动有趣，这两者难以做到平衡。在编写教材的过程中，我们常常需要平衡理论的深度和表述的生动性两方面的难题。通常来说，理论的表达需要精准，因此往往比较深奥；但这种深奥的表述反而让人们觉得理论呆板顽固。尤其是官方决策提出的理论，由于其过于正式化，常常让学生感到无聊和难以理解，在学习过程中缺乏吸引力和学习动力。一般学生更喜欢那种生动而有表现力的描写，比如在党的十九大报告中提到"民族团结"时,使用了"像石榴籽一样紧密地团结在一起"的形象比喻。这种具有强烈感染力的表达方式,更符合学生的喜好。但如果教材只侧重于生动的表述,可能无法完全展现理论的深刻性。因此,在编写教材时,要兼顾理论的深度与生动表述之间的平衡,这是一项相当复杂的任务。

(四)教学环境方面

自改革开放以来,随着我国经济的高速发展和国际竞争形势的变化,高等教育逐渐引起党和政府的高度重视。为了优化高校教育环境,除了增加教育投入外,还采取了其他的积极措施。高校的物质设施(表层环境)发生了根本性的变化,这种变化最为显著,最容易被衡量。

现代教学设备的运用,不仅能取代传统教学方式中的"老师、讲台和黑板",而且能够方便学生获取更广泛的教育资源,拓展教学模式,深化学生的教学体验,从而提高教学效果。此外,运用新型媒体设备可以减少频繁使用粉笔带来的负面影响,确保教师和学生的身体健康。

其次,如今,现代化的图书馆可以充分提供线上线下丰富的图书资源,能够满足高校教师备课和学生学习的基本要求。提升教育环境、拓宽传统教学的覆盖面,对于促进教师和学生的共同成长具有极其重要的作用。改善看似不起眼的环境同样具有相当重要的作用。新型教学理念的实践使学生变成教学的主角,高校教师也以引导者的身份进行教学,这样师生关系得到了转化。这种转变从传统的"权威主义"到"民主主义",表明了整个教学环境的改善,这些因素的综合作用导致高校教学实际效果不断提高,也为加强高校意识形态教育创造了有利条件。

二、高校思政育人体系构建面临的困境

要解决问题,首先必须认识到它的存在。虽然高校思政育人体系取得了一些进展,但仍然存在一些问题,主要体现在以下几个方面。

(一)思想政治教育教学效果不理想

尽管我国在思想政治教育方面取得了长足的进步和显著的成果,但仍然有一些需要正视和解决的困难和难题。通常情况下,思考的成果取决于思考的起始点。要掌握一个概念,最好从问题开始思考。要全面掌握高校思政育人体系,使

之在实践中有效落实,必须明确问题的关键点,并准确掌握实施高校思政育人体系所需的实践要求。我们需要意识到,高校思政育人体系不仅是一个新概念和术语,它还是为了解决当前思想政治教育所面临的难题和挑战而提出的。所以我们需要考虑如何增强高校思想政治教育的针对性和实际效果,以提高其有效性。作为高校思政教育工作者,应该以学生为关注重点,不断探索思想政治教育的创新与完善,包括思想内涵、教学模式、教育手段等各方面,以激发学生的积极性和创造性,注重个性化和人性化的教育方式,为学生的全面发展提供有效引导和帮助。

1. 学生参与感不强

作为具备独立思考能力和基本知识储备的个体,高校学生应该在接受知识和建构理论方面具有主动性。这需要他们在理性选择接收信息的过程中,逐渐发展和培养自己的能力。

尽管我们已经充分认识到学生主体地位在思想政治教育中的重要性并予以肯定,但受传统教育思想以及灌输式教育的影响,高校学生在思想政治教育方面通常缺乏自发的学习动力,缺乏参与意识和主动性。

因为管理体制的限制,社团活动未能充分满足学生的需求和兴趣,这对学生组织、协调和创新能力的培养造成了限制,同时也没有充分发挥学生的自主能力。此外,除了考试之外,学生的思想政治素养评估往往缺乏更深层次的探究,这使高校学生难以积极主动地参与教学活动。

2. 思想政治教育实施者存在不足

由于外部条件的限制,思想政治教育实施者仍然存在许多不足之处。这些不足主要体现在以下方面。

(1) 缺乏主动性

高校的思想政治教育工作需要多名人员参与,其中包括高校的思想政治理论课教师、专业课教师、辅导员、党务工作者、管理人员、服务人员和学生。这些人员应清楚了解自己在高校思想政治理论课教学中的职责,以便更好地发挥他们的积极性、主动性和创造性,从而提高教学效果和队伍建设水平。不过,当前这些员工缺乏自发性,这一点在很多方面都有体现。

高校教育工作者的育人热情还没有充分点燃，这使他们在育人过程中的领导地位和主动性受到了限制。在高校中，曾经担任学生成长引领和指导者的辅导员和班主任，已经被更多地称为事务管理者的人取代。他们在处理班级和学生的日常事务时，往往只注重解决眼前问题，而忽视了问题发生的原因、过程、推动因素，以及其中可能包含的隐性思维和行为倾向。这样做可能只是治标不治本，无法彻底解决实质性问题。党务工作者认为，人才培养和活动计划制定的流程变得异常复杂，让他们感到困扰。这给激发校园特色、符合人的全面发展原则以及调动师生积极性等方面带来了困难。部分高校的管理呈现出一定的"官僚化"倾向，其管理人员通常以维护稳定的秩序和取得卓越的业绩为主要目标。然而，现行制度和管理模式未能充分迎合时代背景和学生需求。高校在提高服务水平、推广服务社会化的过程中，忽略了加强后勤人员自我素质的重要性。受到市场经济的影响，服务人员通常以营利为导向，过分关注顾客的物质需求，而忽略了对其精神需求的提升。

企业创新动力不足的原因众多。然而，其中一个主要原因是奖惩机制不健全。许多高校教师将自己困在了教学和考核的狭窄领域，无法准确理解思想政治理论课程的教学作用和培养学生思想道德修养的重要性，缺乏对教育的整体性认识。这种做法将逐渐偏离最初的立德树人使命和促进学生全面自由发展的目标。

（2）教师不够重视

第一，在高校教学与科研双重负担的情况下，思想政治理论课和专业课的教师面临着繁重任务。他们在教学中主要依赖教学大纲和教材内容，把专业知识和技能作为核心教学内容。如果教师没有适当地了解和理解每个学生独特的需求，就很容易让学生变成毫无思想、情感等个人特征的学习机器。这会导致"育人"过程变得机械化，只是简单地传递和灌输知识，这对学生的全面发展是不利的。

高校思政课教师是思想政治教育的中坚力量，他们积极参与队伍建设，发挥自身的主观能动性。这不仅对他们个人的专业发展有益，也对推动高校思政课的改革与创新有重要的帮助。高校思政课教师的任务不仅限于传授理论知识，更要负责引导学生树立正确的思想观念，并影响他们的行为，承担起教育和指导学生人生的重任。如今一些大学教师仍存在一些态度问题，如思维认知不足、责任感淡漠、工作标准不严等，缺乏积极的动力。这些教师还没有完全领会自己的职责所在，未能理解中央和地方教育行政部门发布的有关高校思想政治理论课师资队伍建设的政策文件以及新课程标准的核心要点。

第二，有些高校思想政治理论课教师忽略了自身在政治角色中的关键地位。高校思想政治理论课对教育起着至关重要的作用，但若教师不能真正信仰、理解和掌握所讲授的内容，或缺乏坚如磐石的理念信念，那么教育的传达力也将相应地削弱，进而影响教育效果。高校思想政治理论课要求每位教师都具备政治素养和政治信仰，了解并掌握政治理论知识，将政治教育融入课堂教学，以达到提高学生思想道德素质的目的。但目前许多高校教师没有充分认识到思想政治理论课的政治属性，未能意识到这门课程是塑造高校学生价值观和人格的重要手段。

据调查，高校思想政治理论课教师的工作任务繁忙是导致上述问题的原因之一。一些高校教师认为，应对学校检查占用了大量的时间，这成为他们发展的主要障碍。一些大学教师常常会感到自己缺乏足够的自主时间和学习时间，这是因为学校琐事和其他工作任务占据了他们大部分的工作时间，导致他们的教学工作受到了影响。

3. 高校自身方面存在的问题

（1）对思想政治教育的投入不到位

高校思政育人的最终执行地点在学校，因此需要学校党委领导班子高度重视高校思想政治教育，以确保其得到科学有效的实施。但是，社会和学校对思想政治教育的重视程度与社会期望并不协调。

第一，问题的关键在于，学校没有给予思想政治理论课教师应有的职业地位。高校教师的职业地位是高等教育领域构建师资队伍和提高运作效率的至关重要的因素。如果高校思想政治课教师的教学育人作用没有被恰当计量和评价，可能会阻碍教师进行自我改进。高校的思想政治理论课教师在引领学生思想上扮演着重要的角色，然而部分学校没有意识到这一点，也没有重视建立一支强有力的教师团队以实现立德树人的目标。

第二，一些学校未能及时察觉高校思政课教师心态发生的变化。现今，高校青年思政理论课的教师占比较大。大多数青年教师在思想上充满活力，期望成为优秀的教育工作者，因此亟须得到妥善的引导。然而，一些学校仍未认识到创建一个能够展现教师个人才能的平台，对于激发青年思想政治理论课教师的工作热情所具有的重要实际意义。

此外，年轻的思政课教师及那些工作了很长时间的教师，他们的内心情绪变化一直没有受到足够的关注。一些高校教师在生活和工作中经常面临巨大压力，由于缺乏充裕的时间进行文娱活动，一些教师无法全神贯注地参与到队伍建设中，未能充分发挥其人力资源的潜力和作用。

（2）学校的措施和制度保障不完备

思想政治教育在高校应该建立一个长久稳定的体系，必须通过科学、精细、公正和合理的制度来确保有效实施。然而，当前高校思想政治教育还面临着体系建设不够完备、缺乏针对性的机制、评价激励机制不健全等问题。

①相关机制不完善

高校在引领学生的价值观、确立政治立场、培养健全人格等方面扮演着关键角色，成为思想政治教育的主要场所。因此，高校思政课的教育方向和教育成效有着直接的关系，需要完善各项机制并加强高校内部的机制建设。针对高校教师专业发展机制的规定，现今各高校在招聘思想政治理论课教师时，需充分考虑其专业技能、资格认证及身体状况等多方面因素。为此，常采用笔试、面试及体检等多种有效评估方式，以确保选拔过程的合理性、公正性和透明度。然而，高校思想政治理论课教师在被聘用之后，才逐渐了解自己在政治思想、师德师风等基本素养方面的要求，这些要求并未在聘用前经过严格审核。有些高校教师在得到编制后，可能缺乏积极的自我发展意愿，而是沉迷于舒适的工作状态，反复地做相同的事情。这种状况会阻碍高质量专业化的高校教师队伍建设。因此，学校需要进一步改进和完善其相关机制和制度。

另外，激励机制的评估也存在问题。如果高校能够建立一个完善的评价激励机制，就能激励学生的内在动力，进而促进思想政治教育的专业化发展。可是，眼下许多高等教育机构对思想政治教育的评价方式显得过于简单，没有因地制宜地结合当地的实际情况，无法出台符合各校需求的绩效考核和管理方案，也没有设计适用于不同高校师生的评价标准。以前，我们只通过计算绩点来评判学生，缺少对学生培养的科学考虑，也没有注重学生参与评价过程的重要性。因此，这种评价方式的科学性值得商榷。仅仅依赖一种评估标准来衡量高校思想政治教育的实际情况可能存在主观性，这可能会导致不公正的评价，同时可能引起各种问题。除此之外，一些学校没有建立有效的思想政治教育评价机制，他们关注的仍然是学生的物质需求，而忽视了人们精神需求的迫切性。这也使他们的评价效果不尽如人意。

②相关体系不健全

高校的思想政治教育体系贯穿多个领域，这些领域对于增强思政教育的效果，促进其不断改进和深化有积极作用。可是目前该校在相关体系方面的制度规范还不够严密，同时在思想政治教育方案的详细设计方面，缺乏符合本校实际情况的具体规划。就特定角度而言，现阶段的教育体系建设存在缺陷，缺乏精准的解决策略，难以根据学生个体需求制定科学系统。在这个体系中，有很多方面需要进一步改进和完善。例如，学科核心素养的定义需要更加详细明确，国家政策的解读需要更精准，还需要提高教育教学专业素养和技能水平等。另外，如果没有合适的科学管理机制和有效的沟通交流，有些情况可能只停留在形式上，没有实质性的内容。这会削弱学校思政教育的效果。

上述研究显示，学校在影响思想政治教育方面所扮演的角色是非常复杂的。我们可以归纳为以下几个方面。

首先，核心的难题在于缺乏完备的高层规划。部分大学在工作规划和思想政治教育方面遇到困难，主要体现在规划缺少具体细节和任务分工，中心主题不够清晰明确，过于抽象。这导致机制难以得到充分执行，而思想政治教育的力量也难以有效地集中起来。不同部门和机构因受限于所处领域的固有制度、体系和语言习惯，在教育方面难以突破。没有充分整合育人资源和信息交流，导致育人功能之间重复冲突，从而在系统内部产生了矛盾和能量消耗。缺乏相互补充和支持的稳定结构，反而削弱了培养学生的合作能力。还有一点是，依赖国家政策及相关文件过多，会导致教学决策和推广缺乏自主性，变得僵化而难以结合当地地方特色、学校文化历史和生源水平。因此，思想政治教育工作较难满足不同情况的需求。此外，监督、评估和激励机制之间的协调不足和缺乏内在推动力的思想政治教育，使协同育人目标的达成变得特别具有挑战性。

其次，配料比例不平衡。在软件工程中，思想政治教育工作是非常重要的，其本质和特征使其具有独特的教育内容。然而，进行教育工作和选择教育方法时，必须依赖相应的物质条件支持。目前，我国高校通常会为思想政治教育分配专门的经费，但是在经费的申报、审核、使用和监督过程中，缺乏对经费的绩效评估，并且这些经费的利用效果并不理想。除此之外，专业思想政治理论课老师和辅导员的薪酬相比专业课老师偏低，且教育平台建设进展缓慢，这与现实需求不相符。此外，很多高校在专门负责思想政治课的教师和辅导员的分配上存在不均衡的情况。当面对数量众多、差异性大的学生群体时，思想政治教育工作的针对性和有效性会受到限制，往往会因人手不足而无法及时回应问题。在目前的情境下，高校的思想政治教育面临着一个重要问题，即如何寻求最恰当的途径，以提高所有相关参与者对思政教育的持久性和认可度，从而推进学生在思想道德方面的更大进步。

（3）意识形态教育方面的问题

高等教育中的意识形态教育面临着许多问题，这些问题来自内外部的挑战，给思想政治教育带来了很大的压力。具体来说，高校在进行意识形态教育方面存在以下缺陷。

①学生意识与教育目标间的冲突

学生对意识形态教育的理解有所欠缺，还没有充分认识到它在教育中的重要性。长期以来，传统的意识形态教育实践因存在一些弊端而给人留下了负面印象。这些弊端包括教育过程缺乏互动与启发、教学内容过于抽象晦涩，以及学生感到所接受的教育过于死板、缺乏创新性。因此，学生对意识形态教育存在一些偏见。由于认知上的偏见和缺乏，学生的学习行为受到一定的影响，进而对教育效果产生了负面影响。

②错误思想观念、价值观对学生的误导

学生错误的思想观念及价值观是后天逐步养成的，是在互联网日益普及和个人社会经历的积累中逐渐形成的。当学生接触社会生活时，他们会以独立但有社交性的个体身份出现。这些接触可以是直接的，也可以是间接的，但都有助于学生对这个世界产生更深刻的认识。在这个过程中，可能会观察到一些不遵守规定的行为，或者听到家人和朋友讨论关于"其他家庭的孩子"的话题。他们关注的信息往往更多地与某人的专业、工作地点以及薪资水平有关，而缺乏对某人从事文职工作的认可和赞扬。长期受到这种价值观的影响，可能会导致学生形成错误的价值观，如对某些学科的偏见、过分强调实用性以及过分追求金钱等，从而对学生的健康成长产生不利影响。

另外，一些学生受到了网络世界错误思潮的误导。网络越来越普及，为每个人提供了更广阔的生命空间，每个人都能够借助网络丰富自己的生活阅历。随着互联网的迅猛发展，人们的生活变得更加丰富多彩。互联网在给大学生带来好处的同时，也带来了一些负面影响，这些影响促使大学生更深入地思考未来和人生。大学的意识形态教学受到了这些不利影响的冲击。当学生开始对这些影响感到困惑时，通常会开始质疑思想政治理论课的内容。尽管思政课程能够传授有益的思想精华，但在实际问题的解决过程中，学生的生活观、价值观并未获得实际的帮助。这种情况可能使学生更易受到错误思想的影响，使他们可能更重视金钱、权力和人际关系，而不是通过自身真正的才智和学科专业为社会作出贡献。

③意识形态教育主阵地作用逐渐弱化

随着互联网及其终端的广泛普及，我们必须意识到，高校意识形态教育的主要领域——课堂的影响力正在逐渐下降。这种趋势是由互联网和终端设备的优越性能，以及它们对学生产生的"异化"影响所引起的。通常情况下，思政课是指在高等教育阶段，按照预定的教学计划和大纲，教师向学生传授专业知识与技能的传统教学方式。在这种教学模式中，学生主要扮演接受知识的角色。思想政治理论课是高等教育中最主要的学术教育课程，也是最重要的思想引领平台。

④"课程思政"建设中的同向同行问题

教育的目的是培养具备全面能力、胜任社会主义建设和承担接班人使命的学生。制定教学目标不仅是思政课程的要求，也是其他专业课程的普遍要求。虽然思想政治理论课程在教育体系中具有重要地位，但常常因多种因素而被认为是次要课程。高校推广"课程思政"建设引发了很多讨论。有观点认为，应该加强思政课的教育价值，同时降低专业课的教育作用。思想政治理论课是立德树人的核心课程，具有不可替代的重要性。相比之下，专业课的唯一目的是传授专业知识。一些人提出，专业课程可以用来传授思想政治理论，以承担思想政治理论课的教育职责，因此可以考虑在通识课程中融入思想政治教育，而无需继续设置独立的思想政治理论课。无论从哪个角度看，这两种观点都是错误的。第一种观点对思政课功能的表述太过空泛，同时也对专业课的功能做出了过于狭隘的刻画。高校意识形态教育的主要场所和方式已经失去了主导地位，原因在思想政治理论课和专业课如何共同育人这个问题上存在两种不同的观点，但它们都存在误导。因此，我们需要充分意识到这两门课程之间的相互关系，才能更好地推进"课程思政"建设，让思政理论课和专业课全员全程协同育人。

（4）由网络化带来的异化现象

学生可以随时观看、回放和提取互联网提供的教育资源，而不受时间和空间限制。这种碎片化的学习方式，使学生可以更加高效地利用时间，涉猎更广泛的知识。思政课堂教学过于僵化、枯燥、缺乏变化，加上内容严肃、晦涩，难以激发学生的学习热情和积极性。反之，利用互联网教育和多媒体技术，比如精彩纷呈的视频、图文并茂的课件和轻松愉悦的学习环境，可以激发学生的学习热情，从而达成教育目标。思政课堂的教学方式通常为按部就班的教师主导式灌输教育，这导致学生在课堂上无法发挥应有的主体作用，教学效果极为有限。但是，互联网的教学形式更加多样化，和传统课堂相比更加开放和自由，允许教师和学生双方更为平等地互动，激发了教学双方的积极性，达到了更好的教育效果。即使条件不充分，互联网及其相关终端仍然可以激发学生的学习热情，满足学生对互联网及其终端的需求，同时也达到了知识传授的目标。利用互联网及其终端支持高校教育是一种行之有效的方法。然而，必须在可控的前提下推行，以充分发挥其多重好处。

当然，我们也必须承认一个事实：某些高校学生过度使用互联网终端产品已经导致他们逐渐远离日常生活、学习和教育中的主要活动，这种趋势通过分散学生的学习时间和精力，减弱了"第一课堂"在教学中的主要地位和作用。这种趋势导致学生的学习和生活态度发生了转变。"异化"是马克思主义的一个术语，它描述了人们创造生产物质和精神产品，并被这些事物支配和影响的现象，我国的经济和社会正在不断进步，科技水平和生产力也在不断提高。现今，人们一般将手机等移动设备视为日常生活中不可或缺的物品，而非将它们列为高端、经久耐用的奢侈品。特别是在高校，手机已经成为学生日常生活中不可或缺的必备品。手机作为现代人生活中必不可少的工具，除了基本的通信功能外，还有很多App可以为人们提供各种便利和娱乐服务。然而，一些学生沉迷其中，过度追求消遣和娱乐的快感。许多大学都存在一些因为长时间使用手机而受到影响的学生。这些学生与手机之间的关系已经发生了严重扭曲。过度使用手机会浪费学生的时间和精力，使他们的认知能力下降。

学生滥用手机，使得越来越多的学生成为"低头族"。一部分人对游戏十分着迷，他们一直在探索虚拟世界带来的愉悦。除此之外，还有一群被称作"社交达人派"的，他们善于利用不同的社交媒体平台来建立人际关系。追求美食和时尚的人们常常过度消费并使自己陷入财务困境。在淘宝上寻找心仪的物品是一种乐趣，但同时也会因为消费过度而耽误学业，甚至为未来留下不必要的负担。

4. 资源的运用方面有所缺乏

高校思想政治教育工作侧重于以思想政治理论课程进行教育，但这些教育工作常常只局限于课堂内部，存在视野狭窄，对其他课程如专业课程和通识教育课程的利用不够的情况。教材内容、教学方式、组织结构等方面尚未全面展现出其应有的教育作用。在长期的从属地位中，缺少专业理论的支持，使这些教育实践活动更加注重表面形式，而忽视了深层的内在含义。尽管学生对此充满热情，但难以获得实质性的收益。这导致育人效果的不稳定性。网络思想政治在执行层面存在一些问题，其中之一是缺乏专业团队的支持，导致其内容空洞。虽然网络思想政治传播速度快、高效且及时，但由于存在上述问题，其潜力无法得到充分发挥。在心理教育方面，育人方式显得单一而缺乏系统性。基于特定心理主题的课程、活动存在数量上的不足，使得高校学生接受的心理教育有限，这种状况的存在也影响了高校整体的育人成效。

在我们日常的教育实践中，对于隐性思想政治教育的重要性和具体实践方法没有深入理解，这使得我们在从事思想政治教育工作时难以有效展开实践。通常情况下，高校的管理工作表现为自上而下的监管和控制，因此高校对学生和教师的人文关怀不够充分。在后勤服务方面，高校往往更注重硬件设施的建设与维护，例如食堂和宿舍的维修和改善。然而，我们似乎忽视了软件素质培养的重要性，这会导致与学生的沟通不足。学生资助工作的支持范围过于狭窄，仅集中在满足学生物质方面的需求，评估和审核过程中主要关注学生的经济状况，而忽略了学生在人文精神方面的成长和发展。当组织育人从上级向下级传递时，育人效果会逐渐减弱，导致基层组织地位被边缘化，整体效果不太明显。

思想政治理论课程的内容设计缺乏系统性和连贯性，导致不同课程之间的重叠现象，这会限制学生对学科和课程的认知深度。1985年，中共中央颁布了《关于改革学校思想品德和政治理论课程教学的通知》，确立了学校教育开设思想政治理论课程的范围。该范围涵盖了小学的思想品德课、中学的思想政治课以及大学的马克思主义理论课。这些课程的设置旨在改革学校的思想品德教育和政治理论课程教学。根据人类的认知规律，教材的内容应该按照递进的顺序，从低年级到高年级，从简单到复杂，从表面到深层逐步安排。然而，对现有三个级别教材的内容进行观察，可以发现一些内容存在重复的情况，这种系统和层级安排有欠缺之处。在高等教育阶段，学生可能会发现思想政治理论课程中的内容曾出现在低层次的教育中，这会降低他们的学习动机，并且还会使他们对该课程的理解变得简单化。在同一层次的课程中，内容重复的现象，会给编写课程内容带来挑战。但有时为了保持课程之间的内在逻辑联系和承继性，我们需要进行一些必要的重复。举例来说，为了确保新民主主义革命和社会主义革命之间的联系和连续性，需要对一些内容进行重复、强调。如果为了避免重复而删除一些内容，那么将会使教学的完整性和逻辑性受到影响，进而影响教学效果。

另外，教学方式与学生的发展需求之间缺乏充分的协调。尽管高校意识形态教育已经引入了多媒体元素，并将这些元素与传统方式相融合，但其实质仍然是以传统方式为主导的。高校采用多媒体进行意识形态教育，仍然局限于教师授课和灌输理论知识，缺乏实践和体验式的教学方法。同时，这种教育方式并没有适当地尊重学生的实际成长变化。当前，大学生展示自我实践精神和实践能力的勇气更加强烈，而这需要一个适当的平台来呈现。由于高校教师过于倚重灌输式的教学方式，导致学生缺乏参与的积极性，这样的意识形态教育难以达到预期的效果。此外，高校对意识形态教育的评估方法过于单一，主要靠考试成绩来衡量。这种考试制度的反馈价值相对较低，因为学生经常采取"临时抱佛脚"的方式，临近考试进行突击学习，以避免考试"挂科"。然而，一旦考试结束，最后呈现出来的学习效果是非常低效的。因此，寻找更全面、更新颖的评估方法是提高意识形态教育效果的一个有效手段。

在马克思主义唯物辩证法的相关概念中，系统的概念是非常重要的。系统是由各个子系统组成的，而且与各个子系统相比而言，系统具有子系统无法比拟的功能与优势。在一个大系统内部，各个子系统之间既相互联系又相互制约，各个部分之间的有机互动促使系统的某些功能充分发挥。当前，高校内部各种教育资源处于相对较为离散的状态，缺乏必要的联系，这也就使各个"子系统"无法形成有效的合力，从而影响整个系统的运行。

5. 教学内容和目标脱离实际

高校思想政治教育有时可能过于侧重理论操作和空洞的说教，这可能导致高校思想政治教育与实际生活脱节。在教学方法上，虽然整体性的教学是重要的，但我们也需要更多地关注学生的差异性和实际生活需求。培养纯粹理想化的德育模范可能不太现实，因此我们需要更加注重教学的实际效果和激发学生的共鸣。

我们需要不断创新和改进教学手段和思想以适应新时代大学生的需求。教师应该满怀激情地投入教学，并充分理解和关心学生的诉求。通过提高教学互动和积极性，我们可以增强思想政治教育的功能，并减少学生对它的厌烦和抵触情绪。

在高校思想政治理论课程中，教师和学生都可能缺乏足够的动力和热情。为了提高教学质量，我们需要通过更有效的教学方法来激发学生的学习动力，减少逃课现象。

改革开放以来，物质生活的丰富和享乐主义、拜金主义等错误思潮的刺激，使整个社会的价值观呈现出一种功利主义倾向。许多高校以学生高就业率为导向，仅仅重视专业知识和技术的教学，严重忽略了思想政治教育。其次，思想政治教育师资队伍仍然没有形成高水准专业化，受功利思想的影响，还有一部分教师存在专业能力较差、学术态度不严谨等现象，在教学中缺乏热情，有得过且过、敷衍了事的心态。一些教师把教育当成工作来对待，将这份工作蕴含的崇高意义和自己担负的使命置之脑后。

不仅如此，中华传统文化的精髓在高校思想政治教育中长期缺失，是高校思想政治教育中最突出也是最根本的问题。中华文化注重美德，尤其是儒家思想，对于德育十分重视。孔夫子曾说过"志于道，据于德"，认为人们必须"践仁成人"，"仁"是统一了"立德"和"立功"两方面的最高道德标准和价值标准。历代儒家思想家继承了重视德育的思想，有很多独到的教育思想和见解。这些内容丰富、思想深刻的理论即使放在瞬息万变的今天也并不显得过时，相反，对于高校思想政治教育进行创新和发展具有极高的参考和学习价值。

在高校思想政治理论课程中，马克思主义理论是基础和核心内容之一。道德教育涵盖了马克思主义世界观、价值观教育、爱国主义教育、公民法律教育等内容，但这些并不是全部，它们只是社会主义精神文明建设理论的某种补充。思想道德教育和儒家德育思想有一定的关联，但高校思想道德教育在长期发展中处于"边缘"地位，导致以儒家思想为代表的传统文化关于道德教育的理论与成果在高校思想政治理论课堂中很少出现。这导致高校学生对传统伦理道德思想长期忽视，忽略了其中的有益成分。在思想道德方面，儒家以"修身、齐家、治国、平天下"为价值取向，追求"天人合一"的理想人格，以"中庸"为至高的道德和评判标准，重伦理，重礼制，有刚健有为、自强不息、积极进取的"入世精神"和"重义轻利"的价值观；而道家崇尚"道法自然"，强调做事遵循自然规律，人与自然和谐相处。这些思想和价值观都是高校思想政治教育中未能充分引用的。当前适逢"国学热"大浪的兴起和精神文明建设的大繁荣时期，为积极研究、认真审视传统文化的有益内核，促进高校思想政治教育工作不断前进提供了有利条件。

6.思政教育面临外部挑战

高等学校思政教育作为高等教育的重要组成部分，以及国家安全工程的基础性实践，面临着一系列挑战。

（1）经济全球化、网络化的影响

经济全球化和网络化是促进人类社会整体进步的重要力量，然而，这也不可避免地会引发一些负面的问题。我们必须考虑经济全球化、网络化趋势对我国高等教育中意识形态教育评估的影响，并做出有针对性的措施。在考虑这一问题时，我们需要同时认识到两点：第一，客观事实表明全球化和网络化发展是历史进程中不可逆转的趋势；第二，我们需要理智地认识与接受，全球化和网络化的发展对我国高校的思想政治教育产生的影响。

经济全球化与网络化的趋势为教育领域带来了许多机遇。举例来说，我们可以借鉴国外先进的教育模式和方法，将其作为有益的对照，这对于推动我国教育事业的发展起到了积极的推动作用。然而，事实表明，经济全球化和网络化的趋势也意味着我们国家会不可避免地受到来自跨越国界的不良思潮的负面影响。因此，我们需要以唯物辩证法的思想态度，理智地认识经济全球化和国际化对我国高等学校思政教育的影响。

在历史上,经济全球化和网络化的发展是客观事实。人类社会的形态和性质因各种生产方式的诞生和革命而发生变化。原始社会时期,人们靠刀耕火种来进行生产。随着时间的推移,铁犁和牛耕成为封建社会的主要生产方式。随着机器的出现和发展,现代生产逐步向资本主义文明演变。随着互联网的持续蓬勃发展,人类社会亦在不断创新。这种演变是社会发展的客观规律导致的。

清朝后期,故步自封的国策导致中国未能与国际趋势相适应,错失了工业化发展的机会。历史事实表明,当经济相对落后且脆弱的农业社会面对强大的工业社会时,前者往往难以抵御后者的挑战。随着我国的和平崛起,在国际事务中的角色越来越重要。我国正逐渐站在全球舞台中心,成为重要力量,并且积极推动经济全球化的发展。历史的经验被重新应用于现实当中,促使了这一切的发展。不同于以往的是,中国此次扮演了积极的角色。

(2)各种不良思潮的影响

社会思潮是一把双刃剑,每一种社会思潮都是一种价值观,是社会价值取向的多样化。恶劣的思想传播会扰乱大学生的理念,导致他们怀疑信仰,并且对思想政治教育的作用与效果产生冲击。同时,这种情况也加剧了对大学生进行思想政治教育的难度。此外,社会思潮还可能对学校的管理产生负面影响,引入一些不安全因素。错误的社会文化氛围也可能会造成人们在同等情境下采取不合理和不恰当的行为。

以上的这些问题与挑战都可能影响思政教育教学的实效性。

(二)育人体系整体构建不平衡

高校思政育人体系的整体构建中存在不平衡性,主要表现在体系内部发展不平衡、理论与实践不平衡和关注对象不平衡上。

1. 理论与实践脱节

呼吁全面构建育人工作的目的在于促进高校学生的全面成长和发展。思想政治教育是一种相互作用的过程,其中心理层面和行为层面相辅相成。教育者的职责不仅在于传授理论知识,还要通过激发受教育者对目标理论的认可和实践应用,确保教育真正起到作用并带来实际的价值。目前,高校思想政治工作在实践投入方面取得了很大的成功,这一成就是为了建立立体的育人机制做出的努力。以北京科技大学为例,该校召开了育人方面的专题会议,并发布了一份详细的工作计划。这个方案将教育部提出的育人体系建设细化为 25 个重要项目和 100 项具体任务,其中包括课程、科研、实践、文化、网络、心理、管理、服务、资助、组织等方面。此外,该方案还明确提出了四个攻坚任务,旨在推动"思政育人综合改革行稳致远",并力求在清单化、系统化和持续化的基础上加强推进。高校在育人理论的研究方面存在不足,不能及时将实践经验转化为可操作的理论指导,与实际情况存在显著差异。就整体构建育人体系而言,相关研究文献相对较少,大多只涉及某一特定方面的探讨或将育人体系构建的研究与总体思想政治工作混淆。

2. 体系内容不平衡

教育领域的思想建设在 20 世纪 80 年代就已经逐步展开,这个时期主要的教育理念是教书育人、管理育人、服务育人。进入 21 世纪之后,国家对于教育领域的育人建设十分重视,发布了《关于进一步加强和改进高校学生思想政治教育的意见》。大量研究学者在 20 世纪 80 年代的育人理念基础上,注重实践育人和科研育人理念的开拓。时代的发展越来越迅速,每个时期学生的自身情况也处于不断的改变之中,教育理念的革新存在显著的必要性,教育学术领域将文化育人和组织育人加入此前五个育人模块之中,形成了"七育人"的教育体系。近些年来,科技的进步又对教育教学实践提出了新的要求,国家也针对现阶段的社会发展现实,发布了《高校思想政治工作质量提升工程实施纲要》,从政策的高度指出建立"十大育人"体系的重要意义,所谓十大育人体系是在原有的七个育人板块基础上,加入网络育人、资助育人和心理育人。客观地看,十大育人体系的优势在于其育人路径的全面性与系统性,但是需要注意的是,其内部存在发展不均的状况。最早提出的育人理念,在理论与实践中的积累与应用程度十分深厚,近年来提出的育人理论还缺乏足够的实践依据,并且相关理论研究还有不足之处。这也导致各大高校在践行十大育人理念的过程中,存在"重心不稳"的情况。高校往往会在某几个育人模块上投入巨大的资源,而不够重视其他的育人模块。

3. 关注对象不平衡

过去,高校的思想政治工作主要关注的是学生群体,旨在帮助他们成长成才。虽然从某种意义上说，这种做法并没有偏差，但具体来看也许存在一些不足之处。这种传统观念在高校思想政治教育体系的建设中也是非常明显的。总体而言，思想政治工作本质上是关于如何做人的工作。高校内的思想政治工作主要面向学生及教师。学生涵盖专科、本科和研究生等不同阶段；而教师也是思想政治工作的重要对象之一。然而，目前高校的"育人"工作存在着明显的差异化对待不同关注对象的现象。这表现为学生与高校教师之间的不平衡，以及学生内部存在的不平衡。在实际工作中，人们经常忽视高校教师的思想政治工作，而更加重视学生的思想政治工作。高校教师一方面是促进学生的思想政治教育，另一方面高校教师自身也需要成为高校思想政治工作的受众。在高等教育中，高校教师的教学技能和教育价值观同等重要。只有进一步提升高校教师的教育水平，我们才能更有效地实现培养学生成为全面发展人才的目标。相较于研究生，本科生的培养更受重视。由于本科生的数量远远超过研究生，因此情况会有所不同。另外，研究生群体来自不同的背景和方向，拥有多元的思想，其管理相对较为宽松。这样，高校在进行研究生教育工作时，就必须提高自身要求并更加有效地应对挑战。

（三）育人关系不够和谐

思想政治工作的核心在于协同，这是育人体系建设不可或缺的方面。人员数量众多但能力参差不齐，加之部门范围广泛、协作不够密切，导致整个育人系统缺乏协调性，难以达成一致的育人目标。

思想政治工作的队伍人员众多，但素质参差不齐。随着高校育人体系的扩大，思想政治工作的队伍也在逐渐增强，人员的专业化程度也变得更加丰富多元。另一方面，思想政治工作专业队伍的教育能量增强。高校聘用党政干部、共青团干部、哲社课程教师以及班主任、辅导员和心理咨询师等人员，构建思想政治工作队伍，以补充思政理论课教师的职能。此外，可以明显地看到，兼职队伍在思想政治工作方面的育人作用十分突出。高校致力于构建一个全员教育体系，意图让所有人，不论是教职员工或是后勤人员，都能自觉认知到自身的育人使命，并承担起育人责任，发挥各自的育人作用。尽管增加思想政治工作队伍的人数可以推动高校的思想政治工作，但这也可能导致该队伍内部呈现纷繁复杂的情况。这涉及质量和数量之间的平衡问题,质量的提升没有跟上数量的增长就会出现失衡。思想政治工作队伍的成员不仅要出席相关思想政治会议,还要全身心投入、合作无间,共同实现既定目标。尽管高校的思想政治育人体系正在建设之中,但我们必须承认的是,并非每个人都能够将其重视起来。此外,育人体系中的各个子系统之间存在工作交叉的问题。这导致许多高校出现了"人人有责,事事关心"的表面现象,但实际上却无法找到负责人。思想政治工作在责任分散、重复低效和工作中存在盲点等问题的困扰下,未能达到预期的实际效果。

在组织机构级别上,思想政治工作部门存在"广"而不"协"的问题。"广",指范围宽广。要实施思想政治教育体系,需要各高校内涉及的单位之间紧密协作。"协"指的是一种理想的共同合作和协调状态,它象征着思政育人体系的每个部门都要专注于自己的工作领域,精细配合以取得更好的效果。在当前高校思想政治教育的实际操作中,高校的各职能部门存在两种不良情况。第一,部分大学仍然秉持传统理念,认为学生思想政治工作责任应由学生工作部门和思想政治教育部门(思想政治课程)来承担。这种做法的结果是,这两个部门的作用被夸大、被高估了。的确,高校中,思想政治理论课被认为是主要的思想政治工作手段,而在这一领域中,学工部门则是最先进的单位。然而,很明显,仅依靠他们来实现高校思政育人体系的整体建构是不现实的。课程育人需要思想政治教育和专业教育有协同育人的效果,仅仅通过思想政治教育无法弥补专业教育的重要作用,因为各个院系的教师需要独立设计和完成专业课程。与学生的培养相关的部门包括学校的资助中心、党团组织、管理部门以及后勤部门等,它们分别负责学生资助、组织活动、管理学校、提供服务等各个方面,以确保育人工作的顺利进行。而学工部门则只是"十大育人"工作的其中一个组成部分。第二,虽然大多数高校已经认识到各部门育人责任的重要性并做出了详细的规划和安排,但它们没有将这些分散的部门整合成一个协同有效的整体。一般而言,各个部门的工作都会受到上级部门的限制,因此缺乏自主性和主动性,这也就无法满足具体的个性化需求并提供高效的教育服务。思想政治工作部门和其他部门之间缺乏紧密的沟通与协作配合,导致各自独立开展工作,无法形成整体合力,进而影响了工作效果的达成。

（四）机制或制度保障不足

育人体系的不合理主要包括两个方面：评估机制存在缺陷，宣传机制不够完善。建立高校思政教育体系需要协调、整合多个人员和部门的力量，涉及复杂的工作程序和各种细节。因此，我们需要明确任务和目标的设定，并严格监督责任的履行。但是，在高校的实际运营中，存在一种叫作"软指标"的现象。这种趋势偏向于任务分配，而忽略对思想政治工作进行全面的评估和考核。这表明思想政治工作队伍的考评标准不够明晰，且评估过程不够全面。高校学生思想政治教育的主要管理者和实施者，即思想政治工作主体队伍，他们肩负了许多艰巨的任务和重要的责任。尽管如此，有些高校评估教师的方式并不规范，他们仅仅侧重于量化指标，根据业绩评判成绩。有些高校只注重参考学生对辅导员和班主任的评价，而忽视了学生对其他岗位的思想政治工作者，尤其是领导干部的评价，导致评价结果存在一定的不科学性。管理、考核和奖励之间的失衡导致奖励结果不准确，并削弱了许多人的积极性。在评估高校思想政治工作的兼职队伍，尤其是后勤部门在进行育人方面做出的贡献时，存在许多未被充分考虑的地方。通常，衡量标准只是看这些队伍开展的活动数量，而很少从其他角度考虑。除此之外，很多大学在进行过程评估时，通常只注重期末或年末的表现，然而，实际上思想政治工作需要贯穿整个学年。这种情况会导致在工作中间阶段一些人员或部门怠惰和不认真，而在结束阶段匆忙赶工的情况，这对于思想政治工作的开展是非常不利的。

不能割裂高校育人工作体系与社会发展的关系，前者必须以后者为基础，只有在一个稳定和谐的社会环境之下，高校育人工作才能更加有效地开展。教育部对于育人工作的重要指示，掀起了高校领域内的育人高潮，但是育人工作主要集中在校园领域，社会上的育人建设还未形成良好的局面。在社会上，公众对于"育人"等相关概念缺乏足够的、明晰的认识，再加上社会相关部门也缺乏足够的宣传力度，这样，社会层面的育人工作无法有效地开展与建设。社会领域育人工作的不顺利，所带来的直接影响便是社会无法给高校提供有利的社会育人环境支持。

有的高校在育人工作方面的进展已经十分有成效，但是有的高校在这一方面仍存在明显的漏洞，各个高校重视本校园内部的育人工作，缺乏与其他高校进行有效的育人交流，因此对育人工作的开展也会存在一定影响。

三、高校思政育人体系构建面临困境的原因

（一）高校工作人员的思想政治素质不够高

人们通常认为，思想政治教师（或辅导员）才是思想政治教育的主要实施人员，但是在"大思政"教育育人理念的要求下，全社会和全学校形成整体、统一的思想政治育人环境是尤为重要的，这也就意味着校园内的每个人员都在思想政治教育活动中扮演着重要角色。这些人员在日常工作中会不断与大学生进行接触，因此他们的思想政治水平与素质是影响学生极为重要的因素。这也就要求校园内的每一个工作人员都应该在日常的工作中，以积极的态度投入思想政治工作。蔡元培曾说："大学者，研究高深学问者也。"[①] 这句话的意义在于，强调了大学校园培养高水平、高素质的专业人才，高校教育工作者自身的能力水平高低对于学生发展优劣有着重要作用。而思想政治素质是高校工作人员自身能力水平的重要指标。总而言之，提升高校工作者的思想政治素养，是新时代思想政治育人体系建设背景的重要要求。

（二）对以学生为主体缺乏认知

心理学相关研究表明，情感是人类内心的一种体验，其源自需要是否被满足的状态。我们可以观察到，过去高校中进行的思想政治教育主要采用灌输、传授知识和讲授考试技巧的方式。传达大学生需要接受的思想政治教育和挑战也比较特殊，这些教育内容不仅难以理解，而且具有鲜明的理论化特点。目前，传统的高校思想政治教育方式需要适应新时代的教育理念和需求。为了更好地促进大学思政教育的发展，我们应该以学生为中心，注重他们的心理健康状态，并且考虑他们的兴趣爱好和生活方式。为了激发大学生的学习热情，我们需要探索并采用创新的教育方法，以满足他们的需求并提高教学效果。虽然大学生不排斥思想政治教育，但他们对教育方法有着更高的要求。

---

① 蔡元培.国学精神[M].北京：北京理工大学出版社，2020：246.

(三)互联网融入高校思政教学较为缓慢

互联网的出现推动了人类社会的巨大进步,可以说是人类 20 世纪最为重要的发明之一。值得注意的是,互联网不仅具有显著的优势与长处,同时它也存在许多缺陷,这个缺陷表现在它会使人们沉溺其中无法自拔,也会使人们的思想出现趋同性的倾向。因此,认识到互联网给人们带来巨大便利的同时,也要清醒地认识到它是一把双刃剑,要对其妥善地使用。

网络的有效利用在高校教育管理中的作用是非常显著的。当前,网络在大学生的生活中占据了很大比重,部分学生的大量课余时间都沉浸在这个虚拟世界之中,但是高校在网络思想政治教育方面的建设力度与水平还存在明显不足。这主要表现在,高校教师与管理人员,通常还执着地使用一些传统的思想教育手段,对学生进行思想政治的灌输教育,还没有充分利用灵活的互联网形式进行该项工作。因此学生在接受思想政治教育的过程中,会明显地表现出一些厌烦情绪。互联网手段以其打破空间与时间的特点显示出独特的教育优势,而传统的课堂教育方式也具有互联网无可比拟的作用,充分利用互联网,并将其与传统的教育方式结合起来,共同投入思想政治工作中,才能更加有效地推动高校思想政治教育的现代化发展进程。

第二节 高校思政育人体系构建的原则与内容

在思想政治教育中,应遵循的基本原则是帮助教育者解决在教育过程中出现的矛盾,提高教育水平,以确保教育效果的实现。当我们把尊重、正向、改变和行动的准则应用于思想政治教育中时,可以更好地理解和满足学生的心理特点和发展需求,从而提升教育的效果。

一、建设原则

(一)"以尊重作为前提"原则

思想政治教育实质上是在培养人格素养,而情感则是个人思考和行为的重要因素。因此，应该从这个角度出发，有目的地运用相关知识和技能解决思想政治教育工作中的问题，以推进该领域的创新和进步。特定的相关知识技术包括与学生进行沟通的技能、有效的问题收集方法以及信息获取的途径等。"以尊重为前提"原则是以学生为核心，让学生自主学习，充分发挥学生自身的潜力和动力。随着学生自我意识和主动能力的不断增强，我们需要着眼于激发学生自主学习的欲望，实现教师与学生双方的互动，使两者和谐相处，从而创造一种全新的思想政治教育环境，提高学生的幸福感和成就感，以达到增强思想政治教育实际效果的目的。

重视每个学生的个性和差异是"以尊重为基础"的核心理念，也是思政教育过程中必须遵循的原则。人人都希望受到尊敬，同时也乐于尊重他人。"以尊重为前提"的理念注重教育者以真正的尊重态度对待受教育者，并且坦诚地倾听和理解受教育者的情绪和情感。基于这一前提，教育者会慎重考虑对受教育者观点和表现的评价，避免无端批评或否定。如果我们将关注和尊重的焦点放在受教育者身上，他们会感受到更加受人尊重，会增强自我价值感。

传统的思想政治教育实践活动缺乏互动性，教育者将自己的思想灌输给受教育者，而忽视了受教育者的个性需求和心理状态。在这样的教育模式下，受教育者往往被视为被改造的对象，缺乏个性化的关怀。研究受教育者的需求和特性，主要是了解他们的思维发展情况，并根据尊重他们观点的原则，倾听他们的真实想法，以此为基础制定教育目标。这样，教育者就可以选择更符合学生真实生活和实际情况的教育内容和多样化的教育方式。

（二）"采取积极正向的态度"原则

"采取积极正向的态度"在高校思想政治工作中的作用十分明显，它是一个重要原则。这个原则对一些积极的经验尤为重视，强调充分借助各种优势力量注入高校思想政治教育体系之中。在思想政治教育的过程中，高校教师运用各种手段对学生进行正向思想激励，将学生内在的学习积极性充分调动，使这些学生可以按照目标不断进行努力奋斗，比如赞美学生、鼓舞学生使其提高信心与动力。这些方式便属于"积极正向的态度"原则的实际应用。在思想政治教育体系的构建过程中，合理地使用这一原则可以起到事半功倍的效果。

(三)"循序渐进地调整"原则

思想政治教育强调要在各种教育因素和方式中融入思想的"综合影响"和"渐次发展"的规律，以逐步提高的方式进行教育。"循序渐进地调整"原则，可使学生更易于接受和理解教学内容的改变，并协助教育者根据教育规律、思想政治工作规律和学生成长规律设立真实可行的目标。通过这种做法，可以降低思想政治教育实践活动的难度，提高教育效果，并推动思想政治教育朝着良性循环的方向发展。

即使是微小的改变也不能被忽视。在通常的思想政治教育建设中，许多人通常希望在短时间内看到显著成果或实现跨越性进步。实际上，成功源于一系列看似微小的行动和决策。思想政治理论课程的建设需要从多个方面入手，需要逐步加快步伐以跟上时代的发展。如果设定的改进目标过于抽象或过于棘手，可能会影响体系建设的可行性。反之，逐步地进行调整会产生连锁效应，推动更多的变革，就像滚雪球一样不断扩大。

(四)"结合自身实际采取行动"原则

在进行思想政治教育时，我们应当把理论和实践有机结合，以实际问题为出发点，遵循实事求是的原则，以此作为行动的基本准则。科学、实际、客观的态度和方法是进行思想政治教育工作的基础。将重点放在可操作的行动上，更容易获得受教育者的认可。教育工作者应当以实事求是为基础，确保思想政治教育活动可以执行，从而实现思想与行动的有机统一。

各高校建立适合自身实际情况的思想政治教育体系，需要明确行动计划。高校需要帮助各方将小目标转化为具体的行动计划，并通过动态可视化方式使其更加具体和实际，以便在现实场景中实现和执行一些体系建设任务和目标，并在后续时期进行跟踪和反馈。

二、建设内容

(一)理想信念教育

1. 筑牢理想信念教育的实践基础

改革开放的政策使中国朝着独立自主的社会主义现代化建设迈进，此过程中成功实施了一系列有效的政治、经济运行机制。我们不只是把理想信念停留在概念层面，而是将其付诸实践。中国在经济、政治、社会、文化和国际关系等多个领域取得了快速发展，理想信念在其中起到的作用是巨大的，这充分说明了理想信念教育的必要性。中国以经济建设为核心，努力克服我国社会主义初级阶段生产力发展相对滞后的主要矛盾，40余年的改革开放进程中，中国共产党不断推动国家发展、改善人民生活、提高国际地位。当前，中国特色社会主义已经迈入全新阶段。我们需要继续推行改革开放并持续创新，以更自信和坚定的态度，为实现第二个"一百年"奋斗目标而不懈奋斗。中国特色社会主义制度在实践中取得了卓越的成就，这表明该制度是与中国的实际情况相适应的，因此能够有效地解决中国面临的问题，可以深刻地影响中国的未来命运。我们的目标是通过展示中国特色社会主义制度的杰出优势和实践成果来加强理想信念教育，以建立我们对中国特色社会主义制度的自信。

2. 指明理想信念教育正确道路

中国共产党是一个用马克思主义武装的政党，团结带领中国人民完成民族独立和人民解放、实现国家富强和人民共同富裕是它的两大历史任务。自中国共产党成立以来，始终把团结人民作为核心，并带领人民不断奋斗，致力于实现这两个重要使命。自实施改革开放政策以来，中国的领导人在不同历史时期，基于国家状况和民众意愿作出了一系列重大决策，不断推进中国特色社会主义现代化建设的进程。中国共产党人运用思想解放和实践探究的方式，致力于建设工业化基础设施，建立健全的市场经济体系，并以人为本推动全面、协调、可持续的发展。这些实践举措不断推进和完善中国特色社会主义建设。在改革开放的过程中，马克思主义中国化逐渐得到拓展和加深。

从步入21世纪开始，世界形势发生了深刻变化，我国的现代化建设取得了历史性成就，党和国家审时度势、总结经验、放眼未来，全面深化改革开放，在经济建设与社会发展、政治外交上都取得了令人瞩目的成就。习近平总书记在总结改革开放四十年经验的讲话中提出："通过观察改革开放以来我国在经济发展和社会建设上一路走来的历程就可以发现，改革开放是党和国家的英明抉择，其在危机之际拯救了国家，拯救了社会，同时把我国带到正常的发展轨道，实践证明，这一英明决策无论在路线、方略还是在方向上都是完全正确的。其是党在探索建设具有中国特色社会主义的伟大实践中做出的英明决断，我国的社会主义现代化建设工作之所以能够取得如此辉煌的成就，归根到底在于中国共产党的正确领导与正确决策，在于中国共产党以马克思主义理论为指导、秉持全心全意为人民服务的宗旨，在理论和实践的结合中开创了中国革命、建设、改革之路。坚定理想信念，必须忠诚跟党走；开展理想信念教育，需要明确中国共产党在领导人民取得伟大成就之中所起到的引领作用。"[1]

（二）理性爱国主义教育

要在高校学生中强调爱国主义精神，首要任务是让他们了解国家的情况，对中国的现实有正确的认知。只有这样才能为培养年轻人的爱国主义思想打下基础。国情教育旨在向学生普及我国社会制度、经济、文化、科技、军事和国家发展现状等一系列方面的知识，以促进学生更好地了解我国的基本国情。进行国情教育可以让大学生更加全面地了解当前我国的发展状况，以客观理性的视角来认识国家的发展情况，对国家制度和文化传承的意义做出准确的价值评估。随着当前国际形势的变化，消费文化在社会各个领域的传播十分广泛，年轻一代不断接受各种思潮的影响。许多大学生还未完全形成固定的价值观、思想认知能力和判断力，这让他们更容易受到负面文化的影响，一些消极价值观念也会对他们发展和确立正确的价值观产生很大的危害。

因此，通过深入开展国情教育，我们可以帮助高校学生全面了解我国在政治、经济、科技、文化、军事等方面的真实发展状况，正确认识我国与世界各国的关系，进一步培养高校学生的理性思考能力和对社会政治问题的判断能力，提高他们的价值判断水平，为培养高校学生的爱国主义思想打下坚实的基础。

大学生的思想与观念直接反映了全社会的意识形态，也是时代发展的风向标。帮助大学生养成积极、健康的思维方式和价值观，有利于整个社会的发展。若不采取措施对抗负面思考方式，则有可能对学生们的身心健康造成直接威胁，它可能给我国社会的发展带来不良影响，影响社会长治久安。

---

[1] 白星星. 习近平发表重要讲话 庆祝改革开放四十周年大会在京举行[J]. 中国会展（中国会议），2018（24）：16.

第三节 高校思政育人体系构建的策略

一、加强与高校辅导员的协同合作

（一）高校辅导员的角色定位

1.思想政治教育的引导者

大学生思想政治教育活动中，高校辅导员扮演的角色是至关重要的。可以说高校辅导员这个工作职位自诞生就深深镌刻上了思想政治的色彩与烙印，思想政治工作是其众多工作中的重点与核心。随着我国高等教育不断发展，高等教育的大众化趋势十分明显，这一趋势显著表现在大学生数量的逐年增加。当今社会乃至当今世界，人才是最珍贵的资源，而大学生是人才培养的基础，大学生的诸多品质关系着国家的发展与进步，比如其科学文化素质影响着我国未来科学技术的发展水平，其思想道德素养关系着我国社会的文明程度。从这个角度上说，高校辅导员的思想政治工作不仅关系着学生这些个体的发展与进步，还对国家的未来有着特别意义。

2.身心健康发展的疏导者

在大学时期，学生的社会化进程至关重要。辅导员作为经常与学生进行互动和交流的指导老师，对学生的成长起着至关重要的影响。在大学阶段，学生逐渐成熟，他们开始摆脱对父母过度依赖的状态，变得更加自主和独立。这个阶段会带来一些激烈的心理变化，导致学生情绪起伏较大。随着社会节奏的加快和社会对效率的强调，竞争越发激烈。这使一些大学生在社会意识、生活方式、学业、人际关系和就业方面面临着各种程度的心理压力。在一些极端情况下，可能会引发学生的心理疾病，并给学生个人和社会带来消极结果。特别是年轻一代，他们大多数是独生子女，这些年轻人在他们的家庭背景影响下形成了鲜明的个性和自我表达的能力。然而，他们的自主生活技能还需要提高，他们的自我意识比较强烈，但抗压能力相对不足。他们可能会出现片面、极端的看法，产生心理上的问题。市场经济的推动作用激发了大学生的自我认知和竞争意识，引导他们更加重视个人成长。然而，这也导致了他们在团队合作和集体主义观念方面的欠缺。

学生家庭收入与条件之间的差异是社会贫富分化的直接体现。学生家庭的物质条件也对其内在的心理性格产生了重要影响：一些学生由于物质条件优越，对拥有的事物不加以珍惜，形成了比较奢侈的生活作风。还有一些学生因为家庭无法提供足够的物质支持，而产生自卑孤僻的心理。这些异化的心理都是不正常的表现，都对学生的健康成长产生了消极影响。面对这一现象，高校辅导员要发挥其心理辅导的功能与作用，采用一些合理的心理调节方法，对学生的异常心理进行深入的调节与疏导，从而给予学生正确的思想道德标准，帮助其实现身心健康发展。需要注意的是，高校辅导员对不同学生要采取不同的、有针对性的方式与方法。辅导员要鼓励学生在实践过程中，积极认识社会，正确面对各种困难与障碍。

3. 校园和谐建设的助推者

校园和谐涉及多方面因素，例如人际关系的协调、校园环境的优化、校园文化的建设和校园危机的处理等问题。构建和谐校园是构建和谐社会题中应有之义，是彰显以人为本的教育理念，培养高素质人才的迫切需要。

高校辅导员能够监管并照顾学生的日常生活，带领学生参加社团和社会实践，设计与筹划宿舍文化活动。这些活动丰富了学生业余时间里的文化生活体验，重塑了他们的知识结构，同时也增强了他们的综合素质。除此之外，这些活动还能提高学生的道德素养和思维能力，促进学生间的交流互动，加强校园文化建设。辅导员的角色非常关键，他们应该积极倡导常规的安全教育，提高学生在危机和敏感政治问题方面的意识水平，增强安全意识从而预防和应对校园突发事件。当学生遇到问题时，他们通常会首先寻求与自己生活密切相关的辅导员帮助。在紧急情况下，辅导员通常会迅速收集相关信息。教务处辅导员的初步反应、处理方式和掌握能力对于事件的圆满解决至关重要。当校园发生重大突发事件时，辅导员首先要进行心理干预工作，以缓解受影响学生的情绪。

4. 学习和生活的管理者与服务者

辅导员有指导学生日常生活和学业的职责，包括解决与具体课程和学习方法相关的问题、规划学生的生活安排、管理考勤、对学生的学籍与户口进行管理，为学生提供便利的服务，促进学生的学习和生活。

当前，多数大学生都是独生子女。无论居住在城市还是农村，他们长期以来一直受到学校或家庭的保护，因此他们的自主能力和独立性有些欠缺，这也需要高校辅导员给予学生更多的关注，帮助他们在学习和生活中更好地发展。在大学学习中，自主学习占主导地位，而养成优良的学习态度和方法则是大学生取得成功的关键。大学里有各式各样的课程和活动可供学生参与，例如专业课程、选修课程、通识教育课程、社团和职业技能培训组织，因此学生需要在众多选择中做出决策。在校园里，学生们可以体验更加宽松和解放的生活方式。但是，这也使许多学生在个人管理方面面临挑战，比如沉溺于互联网、旷课和不规律作息等问题。这些问题可能会对学生的身心健康造成不利影响。因此，辅导员需要对学生进行恰当的指导和照顾，以保证学生在学习和生活方面得到充分的支持。

（二）高校辅导员的威信及影响力

1. 高校辅导员的威信构成及其作用

威信是指威望与信誉。高校辅导员的威信通常体现在学生对其敬重、信任和依赖上，这是思想政治工作的基础，也是最好的起点，因为它可以展现出极强的精神感召力。当今大学生普遍充满活力和独立思考能力，拥有广泛的知识面，因此，他们是否认同教育者的权威地位，将直接影响到他们是否接受学校提供的教育。大学辅导员的威信通常由三个方面构成：一是专业素养，包括学术水平、知识储备、生活经验和理论修养；二是可靠性，包括人的品格、个性、道德品质、友好度以及公正心；三是智力因素，包括决策、判断、组织协调和管理能力，以及果断、坚定和灵活等意志素质。三者构成了一个不可分割的整体，彼此之间相互依存、相互作用，但前两者对于整体的重要性更为显著。

高校辅导员的威信对思政工作有着至关重要的影响。作为思政工作的实施者，辅导员的威信直接影响着工作的效果。如果辅导员威信高，思政工作效果也会得到提高；反之，则可能导致效果不佳。高威信的教师能够让学生自愿接受他们的教育要求，并且将它们内化为自己的需求。学生相信和效仿高威信的辅导员的言谈举止，拥有较高威信的辅导员对学生不良行为的制止作用也是十分显著的，可以促使学生向积极的方面发展。总而言之，那些享有高威信的高校辅导员能够有效地激发学生的模仿和内化,使他们更加主动地学习和接受思想教育,从根本上认同思想政治工作,达到预期的目标。

2. 影响辅导员威信形成的因素

威信的形成并非一朝一夕、一时一事就能达到的,它的形成有个过程并受制于多种因素。

从客观角度出发,需要优先考虑整个社会的文化环境和对于个人的整体评价。我们的党一直把思想政治工作放在重要位置,自十一届三中全会以来,针对新形势和挑战,我们党和国家采取了多项措施来加强和提升思想政治工作的实际效果。以高等教育为例,可以创设思想政治教育领域的教育专业;加强思政教育师资队伍建设,使其成为教师队伍的重要组成部分;建立普及思想政治教育的模式,以覆盖整个群体;构建全新的思想政治教育体系等。这将有助于思想政治工作者的地位提升和威望的建立。40多年的实践表明,思想政治工作始终是不可或缺的。高校辅导员的威望和社会地位与人们对其关注程度紧密相关。另外,我们还需关注高校校园的微观氛围与评价。高校领导重视辅导员的工作,完善管理机制,采取有效措施,营造浓厚的思想政治教育氛围,可以增强辅导员的责任感和进取精神,提高他们的威信。在市场经济条件下,思想政治工作的气氛十分重要。只有当领导高度重视、全员积极参与、上下协调配合时,才能有效开展思想政治工作。只有这样,辅导员才能建立威信和提高影响力。大学生处于人生成长趋向成熟的阶段,这个时期与辅导员的互动最为频繁。因此,大学生对辅导员的期望值较高,希望得到他们的关爱、指导和支持。这种期望也是影响辅导员威信形成的重要因素,使学生更倾向于信任和服从辅导员。

辅导员的威望主要受其个人素养的影响。首先是道德品质因素。性格特质、道德操守、心理素质和职业风范是品德的组成要素。正确的政治信念和高尚的道德品质是建立信任和威望的关键要素,道德水平越高,则威望也越高。相反地,即使一个人拥有很高的能力和技能,却缺乏良好品德,也不能赢得学生的尊敬。辅导员的威信高低取决于他们是否拥有健康、良好的心理素质。一个极富决心、热情满怀、追求高尚理想、能够自我激励的辅导员,无疑会对大学生的成长产生至关重要的影响和效果。辅导员的实践工作方式、诚实可靠的职业态度以及要求自我的严格守则,有助于巩固并建立其声望。其次是个人智商水平。它的内容涉及知识积累、生活经验、专业技能以及综合素质。教师如果既精通本专业又了解相关领域的知识，就会被学生视为一个卓越的榜样。人们通常会被那些经历丰富、经验丰富的人吸引，他们对人生的总结和归纳也会给学生们提供指引和帮助。一位具备卓越才华，在某一领域已取得突出成就的人，其言行会直接或间接地影响学生。人们会尊敬、信任并支持那些具备全面素质、善于组织调度和管理的人。毫无疑问，一个人的智商在建立、维持和提升声望方面扮演着至关重要的角色。最后考虑的是政治辅导员的个人形象和仪表。一个人的仪表和形象从一开始就对其声誉的形成起着重要作用。在与大学生互动时，辅导员要表现出良好的个人形象和风度。通常个人的品德和素养会随着交往的深入渐渐显露出来。一个举止文雅得体、仪表端庄大方、热情诚实、富有朝气的辅导员，总会在大学生心目中留下深刻的第一印象，并产生晕轮效应，学生会因良好的第一印象而对辅导员产生敬仰之情，并产生信赖感，"安其学而亲其师，乐其友而信其道"[①]的效果也必然会产生，威信的形成也就有了良好的开端。

（三）高校思政与辅导员协同育人的策略

1.加强辅导员队伍思想政治培训建设

高校辅导员集教育引导、管理分配、服务学生等多元化职责于一身。随着教育事业的不断发展，新时代新形势对辅导员队伍的培训建设有了升级化的高标准、严要求。

（1）确立人才本位的培训理念

自古以来，人力资源一直是各个领域角逐争夺的主要资源之一。确保业务发展的重要举措是确立人才至上的培训理念。以人才为中心的培训理念要求辅导员培训组织不仅仅要提供基础知识和短期单一技能的培训，更要建立长期、有效、有序的培训体系，以此来培养具备全方位素质的优秀人才。

（2）建立双向统筹的培训机制

培训部门应积极承担起协调和推动辅导员系统培训工作的责任，实现集体培训和个别培训的双向平衡规划。为了确保培训效果，我们需要采取综合措施。一方面，要广泛征求基层辅导员的培训需求，制定具有前瞻性的培训计划，确保培

---

① 陈涛.四书五经[M].昆明：云南人民出版社，2011：337.

训周期、班次、内容和参与人员的合理安排，并加强宏观管理，规范双向统筹标准。另一方面，应当考虑到学院和辅导员的合理要求，让他们有权选择适合自己的培训班次、时间和形式等，同时也要给予被培训部门和个人一定的自主决策权。建立一种培训制度，使辅导员的个人需求和社会发展、工作实际需要相互融合。

（3）更新现代科技的培训方法

应用现代科技手段，需要对设备进行升级，并对培训时间、空间和形式等方面进行多重改善。利用当下先进的科技手段，如网络传输、多媒体设备、远程监控、电化教学等，有效突破时间和空间的限制，为辅导员提供便利，帮助他们解决工作上的难题。此外，改进现有的培训方式，引入一些新的教学方法，如案例分析、情景模拟和小组讨论等，以增加授课形式的多样性。着眼于辅导员在工作和生活中的实际情况，利用课堂教学的机会进行有针对性的分析和研讨。在课堂中加入传授知识、解答疑惑、自我反思以及互动等元素，以激发辅导员老师的积极性和创造性，并达到更实用的效果，从而更好地服务于学生。

（4）丰富细致全面的培训内容

高校目前的培训和授课存在一些常见问题。比如说，内容的涵盖面较为有限，包含的知识不够广泛，广度和深度也相对较浅。因此，应该把辅导员队伍的培训课程置于重要的位置，对培训内容作出详尽、逐步和具体的设计和制定，以应对当前的紧迫问题。大家可以实施以下具体且有针对性的措施。

首先，采用"老带新"的培训思路，让有经验的"老"辅导员帮助工作经验与实践较为缺乏的"新"辅导员。有经验的辅导员主要在应对一些困难问题和突发状况方面，给予新辅导员指导和帮助。最重要的是让新辅导员更加深入地了解学生的学习状况，以便更好地开展工作。其次，对于有经验、有前景的老辅导员，要加强文化知识与政治素养的提升，并且对其进行全方位、多板块的能力培养，比如领导力、影响力、创新力等。在对这类辅导员进行培训的过程中，还要逐步建立起辅导员干部培训模式。

2. 强化辅导员骨干作用

在高校学生的思想政治教育中，辅导员扮演着至关重要的角色，不可或缺。《关于进一步加强和改进大学生思想政治教育的意见》对辅导员提出了明确的职责规定，要求他们量身定制思政课程以符合党委的要求，帮助学生在思维、学业和生活等方面获取必要的指导。① 可以看出来，辅导员在高校德育中扮演着教育骨干的角色，其主要职责是为学生进行思想政治教育。因此，辅导员应该专注于自己的核心职责，积极推动大学生思想政治教育的提升。在成为教育者之前，需要先进行自我教育。教育工作者，特别是辅导员，应该采用科学化的方法和手段，以推动学生的全面发展和成长。这不仅包括规范学生的行为，还需要培养学生的情感和道德素养。通过这些努力，辅导员可以帮助学生成为优秀的学习者。辅导员要发挥骨干作用，以引导为主的方式协助学生巩固和深化对理想信念的理解，帮助他们更好地认识共产主义理想在人生发展中的重要性，并鼓励他们积极迎接学校所要求的发展方向。加强专业知识的研究，并掌握相关技能和技巧，以提高实力水平。

3. 构建思政教师与辅导员联合育人的机制

（1）组织教育机构的科学联动

目前，随着高校管理体制的改革和细分，很多高校将思政理论老师归属于教学管理系统，不与辅导员同部门管理，这样简单粗暴地将二者分离开对于思想政治教育的发展没有益处，反而分离了明明可以互相联系的两个主体。想要思政教育得到飞跃发展，构建联合育人机制是当务之急，必须将思政教师和辅导员联系到一起，将二者归结于一个系统当中，方便他们开展更多思政实践活动。要想将高校思政课老师和辅导员归结到一个系统管理，就必须让学校的管理层意识到这一点。由高校的党委宣传部等主动进行协调部署，让辅导员归属的学生工作部门与思政理论课归属的教学部门能够联系起来，并且团结一切可以团结的机构，例如团委、就业指导中心等诸多组织，相互配合，既充分调动了学生的积极性，也充分调动了教师的积极性，共同组成一个可以互动配合的团结组织，为思政教育的发展提供良好的氛围。在这样的组织当中，要始终坚持科学的管理方法和管理机制。有条件的高校可以多开展一些实践活动，加强大学生和高校教师之间的互动交流。在管理当中，要明确分工，落实好工作人员的职责，严格管理。但是也要注意，既然形成了一个团体，思政教师和辅导员之间的工作关系就不能完全分裂开来，必须注意相互之间的配合和工作效率的提高。

---

① 中共中央国务院发出《关于进一步加强和改进大学生思想政治教育的意见》[N].人民日报，2004-10-15.

（2）队伍建设的联动

队伍建设的联动需要每个成员共同的努力。要想改变过去封闭式的各自为政的局面，就要努力将二者之间的交集扩大。具体来说，需要做出三个改变。

第一，高校的辅导员选拔要更加严格。辅导员的水平不足会影响思政教育的效果，也没办法完成教育目标。在选拔中，必须将辅导员的思想政治理论素养作为首要考核点，不具备这样素养的应聘人员直接不予通过。辅导员的学历条件要满足硕士以上，最好可以在具备思政理论的基础上对心理学和法学有所了解。这些条件都需要高校的领导和人事部门等进行严格筛查。这样既能确保辅导员的基本素质，也能够保证至少在理论层面上，辅导员可以独当一面。

第二，尽量促进思政理论课教师和辅导员二者之间的工作交流。在思政教师的带动下提高辅导员的思想素质。一方面不用必须强调将思政教师与辅导员划为同一部门，另一方面也解决了当今思想政治教育发展的困境。在这样开放式的沟通和合作当中，思想政治老师和辅导员二者之间角色可以互相转换。辅导员可以在思政教师的帮助下更好地管理学生；而思政教师在辅导员的帮助下可以更好地改进教学方式和探索教学模式，从而提升思政教学质量。

第三是要构建团队，在与思政教师和辅导员的不断交流中构建出一个梯队。团队当中要有中青年教师为团队的延续做保障，既保证团队的活力，也保证团队的理论和经验厚度。

4.强化意识、完善素质，充分发挥威信的作用

随着教育改革进程的不断深入，各个高校的教育机制也在不断进行完善，学生自主选择的空间变得更为广阔。在这种背景下对学生进行相关的引导、示范等教育，相较于传统的灌输式教育方式更具有实践意义。为了使思想政治工作能够有条不紊地开展，加强高校辅导员在学生心目中的威信是必要的，这一举措能够极大地促进思想政治工作的开展与思想政治教育目的的实现。

首先，辅导员要树立起威信意识。辅导员要从根本上知晓具有威信的形象所能带来的巨大作用，并且冷静分析教育改革所处的进程与形势特点，强化对新时代大学生思想与心理状况的认识，从而有针对性地发挥威信在实施思想政治教育中的作用。努力将教育威信树立摆在思想政治教育诸多方法中的关键位置，以树

立威信的方式强化思想政治教育工作的最终成效，提高思想政治在学生群体中的渗透水平。

其次，应该增强自身素养，提高声望。正如之前提到的，威信的形成、巩固和发展受到多种因素的影响。辅导员无法左右面临的外在客观因素，但可以自我掌控内在主观因素。只要辅导员不懈努力，不断提升自身品德修养和综合能力，坚定意志，培养积极情感，塑造优良心理品质，同时肩负起对学生的工作责任和使命，那么个人威信的形成便是水到渠成的事情，辅导员也必然会得到学生的拥护与爱戴。

最后，要讲究技巧，有效发挥威信的作用。威信形成之后，能否有效发挥作用是关键，这不仅会制约已有威信的巩固与发展，更会直接影响教育的效果。为此，必须讲究艺术，做到"八要"：一是要平等待人，以诚相见；二是要讲求奉献，追求卓越；三是要民主管理，正确用权；四是要言行一致，取信于生；五是要抑扬有度，爱及全体；六是要了解学生，善于调解；七是要坚持原则，主持公道；八是要自我解剖，严于律己。总之，只要辅导员能够用科学的方法指导自己的工作与实践，找准定位，不断强化素质，就一定能在新形势下更有效地发挥出辅导员威信的作用，从而全面提高思想政治工作的水平与实效。

二、加强高校思政教师队伍建设

高校思想政治教师需要具备学术素养。教师需要具备丰富的历史、经济等方面的知识，这不仅需要教师认真研读教材并妥善处理，还需要教师不断更新自己的知识，了解与教材相关的新知识。因此，教师需要不断学习和积累各领域的知识，以便更好地教育学生。除此之外，教师还需不断更新自己的技能，拓宽自己的视野，增强自身的专业素养，以不断提高自己的教学能力。

如今社会愈发多样化，人们的价值观也趋向更加复杂的状态。大学生的价值观、人生观和世界观受到思想政治文化的直接影响，并且与这些因素相互交织和碰撞。一部分学生存在一些问题，包括价值观偏差、缺乏强烈的社会责任感以及群体意识的缺乏等。思政教育教师应针对这些问题给予学生正确的指导。另外，部分学生存在对未来的迷茫感，同时也缺乏对自己所学专业的深入认知。因此，教师不仅需要注重思想政治教育，还应了解学生所学专业的设置及未来发展前景等相关知识，加强对学生的引导。

教师不仅承担着重要的工作职责，更肩负历史赋予的使命——培育下一代。教师是教学的主导者，但需要从学生的角度出发，充分满足学生的需求。若教师希望学生内心认同其教授的道德准则，须以身作则，作出行为上的表率，成为学生们真正信服的楷模。如果教师在教学中认真负责、严谨细致，严格公正地处理事务，在日常生活中遵守社会公德并具有良好的道德品质，那教师就会对学生产生积极影响。但如果教师做不到以上要求，那对学生的影响就会大大降低。因此，教师应该在生活和教学中保持言行一致，塑造良好的个人形象，成为能够激励大学生学习的道德榜样。

尽管多数大学生已成年，但因为情绪难以稳定，他们或许会面临心理上的挑战。当今的大学生身心两方面都处于转变期，他们的感情经历丰富但情绪波动较大，还没有完全成熟的自我意识，同时也表现出一些矛盾的想法和行为，如独立性、封闭性、依赖性、拜金主义、享乐主义、极端个人主义等问题。此外，学生的心理健康也受到学习压力和就业前景等因素的不良影响。在此情况下，思想政治教师应该担任学生情感问题的解决者和学生心理健康的守护者。全面提升学生的素养水平，同时增强自身的应对挑战能力，以帮助学生适应社会的不断变化和需求。

加强思政教师队伍建设策略包括以下几个方面。

（一）提升教师政治水平和理论素养

为了有效地教授知识，教师必须在整个思想政治教育教学中贯彻中国特色的马克思主义理论。在进行有效的思想教育之前，高校教师需要具有政治敏锐性，确保在思政教学中灌输的理论正确并且方向明确。教育工作者需要具备政治智慧，以确保基本的政治准则得到遵守。为了教师能够更好地提高自身的政治素养以及在教学中将马克思主义理论和中国特色社会主义思想贯穿其中，可以开展针对不同学科、不同专业的系统培训，以适应不同的学习需求。教师通过这些培训将思政元素结合教学内容进行教学，使教师更加自觉地融合国家政治指导方向。此外，为了提升教师队伍的理论素养，同时寻找学科知识与"课程思政"的契合点，可以采用专题讲座的方式，对党的最新理论成果进行学习和讲解。这种方式具有"润物细无声"的优点，可以引导教师树立正确的政治立场和价值观，让他们能够将知识传播与思想文化传播相结合，成为真正意义上的教育者。学校内的党支部组织各类活动，如举行专题会议和民主生活评议，引导广大党员教师深入学习党的最新理论思想，营造学校内积极向上的政治和工作氛围，以巩固党员的政治信仰，提升其政治能力。在"思政课程"的教学中，教师应该积极地寻找理性分析的方法，帮助学生了解思想政治教育的实质，并利用科学理论的吸引力引导学生学习。

教育工作者，尤其是辅导员，需要采用科学的方法帮助学生成长。除了规范学生的行为，还需要通过情感教育来提高他们的道德水准，从而培养出优秀的学生。作为辅导员，要协助学生加强对共产主义思想的认识和信仰，帮助他们明确自己的理想，并朝着学校期望的方向不断成长。为了提升学生的能力，教师应该深入学习相关专业知识和精通专业技能，增强自身厚度。只有这样才能更加科学合理地对学生进行指导。

许多大学生潜意识里把专业课老师视为他们追随和想要成为的对象。专业老师的行为举止时刻影响着学生，而"课程思政"教学的成功需要老师创造一个具有感染力的课堂氛围。因此，教师应该具备高尚的师德师风、独特的人格魅力以及起到表率作用的语言和行为。学生在与教师交流时，会受到教师良好品质的影响。长期沉淀后，这种意识会变成习惯，对学生今后的成长具有重要影响。学生因此能够维持良好的道德观念，不断成长并承担起社会责任。为了成为一个具有良好道德品质和行为榜样的教师，教师需要在职业生涯中不断学习丰富自己，并深入研究如何更好地促进"课程思政"的教学。除此之外，还需要认识到自身的不足之处，积极寻求新思路和知识，确保自己始终跟上时代的步伐。无论何时都不能忘记自己成为卓越教育工作者的初衷，并不断提高个人价值。

（二）提高教师"课程思政"教学能力，创新教学方法

建设课程思政要通过课堂教学来实现。因此，教师应该提升自己的授课能力，运用多样化的教学方式来应对各种教学内容和难点。为了增强教学效果并满足学生的需求，必须勇于创新，找到适当的"课程思政"切入点。除此之外，应当跟随时代的发展，创新教学方法。教师应该勇于学习新知识，熟悉并且灵活运用信息化和现代教育技术，使教学内容更加丰富有趣，同时能够整合各种教学资源，

精心编排讲课内容。利用新技术来激发学生的学习热情。

更新思政课的教学方式是至关重要的。思政课需要改变过去的教学方式，不再仅仅是单纯地灌输理论知识，而是要注重培养学生的政治素养和正确的价值观，使其具备更强的政治能力。思政课教师可以在课堂中引入时事话题，通过具体案例引出课程内容，激发学生的兴趣，唤醒学生的社会责任感，推动师生互动、促进良好的思想交流。这种教学方式能够有效地帮助学生树立社会主义核心价值观，使之成为现代青年的重要精神力量。2019年3月18日，习近平总书记主持召开学校思想政治理论课教师座谈会强调："重视思政课的实践性，把思政小课堂同社会大课堂结合起来。"① 除传统课堂教学外，思政课的教学形式应该更加多样化。把课堂学习与社会实践结合起来，开阔学生的视野，深化学生的社会认知。河北科技大学的思政课社会实践方式值得称赞，该校将红色基地作为实践教学场所，带领本科学生到西柏坡进行实地考察和思想政治教育，以促进学生的全面发展。这种创新的思政课模式有助于促进教育的实践和深入，可以加深学生对红色文化的理解。这对学生向革命先驱学习，提升自身的道德修养具有重要意义。

（三）加强教师思政培训

高校各级党委应该加强对学科任课教师的理论培养，同时发挥先锋模范党员教师的示范作用，传授中国共产党的先进性、纯洁性、全心全意为人民服务的宗旨、执政理念等，以便对其他教师的教学工作进行引导和影响。这样能够提高教师的政治觉悟以及对党和国家的热爱程度。高校可以邀请在思想政治教育领域备受好评的专家和教授，为学科教师提供培训课程，从而使教师能够学习并掌握以唯物史观和唯物辩证法为基础的观点、立场和方法，正确地分析各种实际问题。学科教师需要牢记马克思主义意识形态的重要性，充分认识它在正确指导方向方面的作用。此外，我们应该加强高等教育机构学科教授对中国特色社会主义理论的学习，以提升他们在道路自信、理论自信、制度自信、文化自信方面的水平。高校学科任课教师必须深入研究相关的理论知识，全面把握、深刻领悟，才能真

---

① 柯晓莉，张作真.发散课堂教学 提高思政质效——谈课程小课堂同社会大课堂的结合问题[J].中学政治教学参考，2020（25）：45-46.

正把思政教育融入教学中，而不是将其视为一句空洞口号。高校可以组织各学科教师参加培训和研讨活动，从而提高思政教育的质量。这样，教师可以及时获取国家和社会方面的热点和关注点信息，深度探究教学内容和思想政治素养的融合，提高自身的洞察力，塑造正确的世界观和人生观。通过对教师的思政培训，可以提高他们的政治素养、教学水平和科研能力，确保高校"课程思政"方案的有效实施，从而增强思政教育的效果。

以"课程思政"建设为主线，在参加理论学习之后，积极组织受训教师进行实地调研、现场考察、案例分析，来提升受训教师的教育教学能力，对理论学习和实践考察均合格的教师发放结业证书。之后，针对各教师建立培训档案，设定马克思主义学院思政专业教师为联络人，针对之后"课程思政"建设中有关课程内容的疑问进行解答和提供咨询。

学校应引导和加强广大专业课教师关于社会主义高校办学方向、高等教育的目标是培养社会主义接班人等方面的认知，从而注重知识传授和知识运用方向的统一。多数高校教师具有国家事业单位编制和干部身份，但既然承担教学任务，那相应的教育职责也应充分担当起来，政治立场也应坚定。同样，高校要注意工作环境对教师群体观念的现实影响，既要贯彻落实"课程思政"教学改革，又要适当地给教师群体繁重的教学科研任务"松绑"，做到"有所为有所不为"，给足教师群体对教书育人进行自主思考、自主探索、形成认知的时间和空间。

当前我国各个高校对于教师高级职称的晋升有明确要求，需要"连续6个月及以上的国外大学学习、研修经历"。可以以此为参考，对高校教师的职称晋升提出思政学习方面的要求，如党员教师要有一定时间的党校或干部学校学习培训经历，非党员教师有一定时间本校马克思主义学院或省级干部培训院校学习与培训的经历。只有学校及上级官方机构设立的政治学习培训单位，才是系统化提升政治素养的供给方，具有政治理论解释的科学性、权威性和学习结论认定的官方性、严肃性。统一培训并不是要放弃日常的教学工作，因为培训的时间仅一周左右，而且是分批次学习，对高校日常教学影响不大。

对各类任课教师开展"课程思政"培训，将"课程思政"纳入教师长期职业发展培训的过程中，不断加强各教师的道德情操，引导教师在备课上用心、课堂中用力、传授知识时用情。为了增强教师"课程思政"的培训成果，提高教师参与培训的积极性，高校可采取精神或物质奖励的办法激发教师参与培训的热情。同时，对培训成果进行抽查和考核，并纳入各学科教师的考核和职称评定中，以便在很大程度上保证德育意识的培训效果。

除了提高自身的道德修养和人才培养意识外，教师在贯彻"课程思政"的教学方式时，还需要了解"课程思政"的定位，明确教育的目的。专业课教师进行"课程思政"讲解时，一般会涉及三个方面的内容：习近平总书记在全国教育大会上所强调的做人、处世的基本原则，社会主义核心价值观所要求的内容，以及追求国家民族复兴的信念和责任意识。这些内容都具有重要意义，特别是对于教师而言。因此，教师应该在明确"课程思政"的内容后，探索如何巧妙地将所学内容融入课堂，以便让学生在学习专业知识的同时，得到正确价值观的引导。只有将这些方面的知识纳入课堂教学，并加以实践运用，才能真正实现"课程思政"教育理念。

（四）发挥思想政治理论课教师的引领作用

为了成功地培养学生，使其更好地成长和发展，教师需要具备深厚的理论知识，以便将正确的价值观和思想传递给学生，成为他们成长过程中的指路人。作为思想政治理论课的教师，需要担负引领的责任，强化其他课程教师对思想政治课程的认同和情感接受。同时，应该具备高度的党性修养和理论水平。各学院党委应当引领全体教师学习并实践最新的党的思想和理论知识。召开座谈会、研讨会等活动是一种有效的方法，可以协助教师们增强理论素养、巩固信仰。此外，思政课教师应该辅助其他教师发掘"课堂中的思想政治教育"元素。每个学科都具有独特的特性和内涵，因此学习它们需要使用不同的方法和知识，而且不同的授课对象也必须采用不同的教学策略。要准确把握各学科中的资源，将教育和培养人才相结合，这也需要思政课教师的支持和配合。探讨思政课教师教学主题、立场和方式，可以在课堂中自然而然地融入思政元素，进而丰富和深化课程内容，实现教学协同效果。这样，思政课教师能够传授其他专业课的学科知识，有助于学生的全面发展。

党的二十大对教师队伍建设提出"加强师德师风建设，培养高素质教师队伍，弘扬尊师重教社会风尚"①等明确要求,高校教师是高等教育高质量发展的第一资源,也是高校思想政治教育的主要引领者,上级部门要加大对各高校执行思政课教师队伍建设相关政策的检查督导力度,解决师资队伍建设的困境。要重点督查思政课教师待遇不落实、专项经费被挪用和思政课师生比不达标的问题。这些问题的解决,既能保障思政课教师参加社会实践和学术会议的经费,又能保证教师有充足的时间用于教学和科研。

(五)鼓励专兼职队伍结合

这里的专兼职结合平台,主要是指两支队伍和人员之间的交叉任职,用兼职力量补充专职队伍,加强各方的合作交流,使队伍结构更加完善,人员素质得到多重提升。

一是辅导员承担部分思政课教学任务。鼓励和选拔一线优秀的辅导员,特别是教学能力优秀并且具有思政专业背景的辅导员来承担一定的思政课教学工作。这样既可以跟学生在理论上有面对面交流的机会,让勤奋学习成为青春飞扬的动力,让增长本领成为青春搏击的能量,提高日常活动的针对性,增强思政课的时效性,也有助于辅导员自身的学习和能力的提高,达成"1+1>2"的现实效果,使辅导员作为思想政治教育者在"实然角色"和"应然角色"上真正达到"重叠共识",这也是辅导员角色定位的实质性内核。与此同时,为避免"谁都可以上,谁都可以教"的尴尬局面,也要明确辅导员兼任思政理论课教师的任职标准,实行思政理论课教师准入制度,保证思政队伍的科学性。

二是思政课教师兼任日常思想教育工作。鼓励具备条件的思政理论课教师双向兼岗。一则,日常思政教育形式的多样性需要理论支撑,避免强调娱乐性而忽视其思想性和教育性。二则,思政课教学要避免理论化倾向,需适当采用学生乐于接受的方式,提升思政理论教育的吸引力和感染力。三则,思政课教师可以获得与大学生进一步交流的机会,获取心理上的自豪感和价值认同感,珍惜韶华、脚踏实地,把远大抱负落实到实际行动中。因此,应提倡思政课教师在完成思政课教学的基础上担任班主任、学生导师或兼职辅导员工作,充分发挥其理论优势,

---

① 共青团中央.党的二十大报告全文来了[2023-03-10].https://baijiahao.baidu.com/s?id=1747845294347170289&wfr=spider&for=pc.

增强日常思政教育内容的思想性与教育性。

　　提高教师队伍的使命感和阵地意识，确保传道者自身明道和信道，自觉成为学生健康成长的引路人，以德立身、以德施教。同时，将专业教师参与"课程思政"教学纳入辅导员工作，包括兼职辅导员。规范辅导员队伍管理，加大辅导员培训力度，完善辅导员考核制度，从而充分发挥辅导员的积极作用，并严格执行三个必须，即：教师专业技术职务晋升必须有辅导员或兼职辅导员经历，党政干部提拔必须有辅导员或兼职辅导员经历，学校选留机关行政管理人员必须有辅导员或兼职辅导员经历。

（六）强化教师协同育人的理念

　　教师对"课程思政"的理解程度与其实际运作效果密切相关。因此，要解决"课程思政"建设问题，首先需要解决观念问题。在各类课程教学中，必须充分认识到立德树人是每一位教师必须承担的共同使命，每一位教师都肩负着培养人才的重要责任。要进一步加强协同育人的教学理念，让教师更深入地参与"课程思政"建设，并在教学实践中积极践行这一理念，不断深化教师对其重要性的认识。科学的教育理念是教师引导课堂教学的关键所在。为了提高教师的协同育人态度和激发他们对育人的责任感，可以将具体的育人要求融入课堂教学当中。这有助于促进所有教师相互合作、互相帮助，形成共同育人的力量。在教学工作中，德育是至关重要的，它是教师的基本职责和核心概念。因此，教师们应该始终注重发展育人意识，对学生的精神需求和思想动态保持高度关注，为提高学生的综合素质做出努力。

1. 完善专业协同育人生态系统

　　创建协同培养思想政治课程的生态系统需要从顶层制订计划，组织结构的布局和具体细节的把握都是至关重要的。第一，就顶层设计而言，高校应该成立一个专门的办公室，负责制定有关专业协同育人的具体方案，包括育人模式、组织架构、奖惩措施和沟通协调等方面。为了更有效地培养学生，应该把课堂教学和实践相互结合，例如通过论坛、研讨会、辩论赛、社区实践、工厂实习等多种形式。再比如在企业的组织结构中，可以探索实行分片模式，为不同领域设立专门的协调联络人。

第二，从组织架构来看，要明确"课程思政"建设成立的组织架构应具备何种职能性质，要明晰其边界条件，避免交叉管理和重复工作。

第三，从全面细致来看，对于"课程思政"建设主体而言，协同育人生态系统应该覆盖到高校党委、团委、学院领导、学院思政工作者、学生干部、宿舍管理员等人员，覆盖到包括体育课、实验课、试听课、讲座课在内的所有课程，覆盖到学校食堂、学校医院、学校安保、学校后勤超市等地点。

2. 打通专业协同育人渠道

想要达成跨专业的"课程思政"协同育人，需要建立多种协同机制。这些机制包括：课程协同、教师协同、管理者与教师之间的协同。高校应当在设计"课程思政"的时候融入符合高校思想政治理论课要求的思想政治元素。因此，要将专业课堂与思政元素相融合，以确保思政理论的一致性并加以协调。各专业课程内容应相互协调，避免内容出现冲突或重复。这在逻辑要求严谨的理工科课程体现得较为明显。

其次，就教师协同而言，针对大型班级授课效率低下的情况，建议同一专业的教师进行合作，共同致力于"课程思政"建设。通过团队协作，可以将原本规模庞大的课程转变为小型班，或者借助网络技术开设线上课程，学生可以根据身份认证轮流上课，从而有效地解决大班授课的难题。不同专业的教师可能会有各自独特的思路和途径来改善和监督课程内容。加强交流可以扩展视野，充实学生的知识储备。从管理者和教师协同来看，建立沟通平台是非常重要的。这一平台使教师与教师、教师与管理者、教师与课程、管理者与课程之间建立起合作与协调关系。值得注意的是，该平台需要覆盖PC终端、移动终端和手机终端，以提供在线互联网服务。

三、构建家庭、社会、学校联动的育人体系

（一）加强家校联系，开展良好的家校互动活动

家庭教育对大学生的主流意识形态有一定影响。家庭教育作为有双重属性的一种行为实践，既具有尊重人的天性成长的自然属性，也有引导人的行为符合角

色规范的社会属性。家庭成员之间具有特殊的、独有的黏合方式和情感联系，能够基于亲情感化、言传身教、心灵沟通、生活互动、角色配合等方式，强化对大学生的家风家训、亲情观念、敬老爱幼、邻里关系、人生挫折、人格、性格、习惯等方面的教育。

如今高等教育的普及及教育的公平发展，使来自不同地区、不同家庭环境的大学生在同一所高校同一间教室就读。有的学生的家庭比较注重对子女的意识形态教育，其父母本身对主流意识形态就很认同，这样的家庭氛围影响下的大学生一般不会出现意识形态认同危机。比如2018年7月中旬，天津科技大学校长收到了一封来自甘肃省清水县边远山区42所中小学校长联名发来的感谢信，主要是感谢该校周钰城同学18年来坚持扶贫助学奉献爱心的感人事迹。探寻周钰城18年的支教历程，我们发现，周钰城的爷爷周振明对他影响很大。周爷爷是正县级退休干部，曾经从事甘肃清水地区对口帮扶工作，周钰城从小就听爷爷讲述老一代人艰苦创业的经历。在爷爷的影响下，周钰城坚持了十几年爱心支教的道路，新华网、北方网、《今晚报》都曾报道过他的先进事迹。然而，也有些大学生并不具备这样的家庭环境，其家庭成员本身就被一些负面的思想影响，家长由于其个人经历或者是一些主观偏见，缺乏对主流意识形态的认同，也会阻碍其子女主流意识形态的形成。因此，家庭教育对大学生的思想政治教育工作效果有很大影响。

1. 开展家校共育

对于大学生来说，家庭是他们生活和实践的重要场所，大学生学习和生活都会受到家庭的影响，思政育人更是如此，学生的家庭成员对于思想政治教育课程的态度影响着大学生对此课程的认知。因此，开展家校共育十分必要。家庭教育是一种隐性教育，一个良好的家庭认同氛围，能够潜移默化地对学生进行思想教育，从而引导大学生对该课程产生认同感。

心理学家认为，幸福的人用童年治愈一生，不幸的人用一生治愈童年。学生在进入学校接受教育之前，家庭教育已经在他们身上留下了深深的烙印，这些烙印也许有利于学生的道德发展、人格完善，也许不利于学生的成长。因此，思想政治教师要善于利用自己所了解到的家庭教育内容对学生开展德育教育工作，及时了解学生家庭中存在的问题，帮助学生树立正确的人生观和价值观。为了全面掌握这些家庭教育的信息，思想政治课教师需要与学生的家庭进行深入的交流和沟通。比如可以采用电话交流、家访、召开家长会等多种方式与学生家长进行信息交换，从而更加了解学生与其家庭，更加有针对性地对学生展开思政教育，制订更为完善的学生德育计划，推动学生的全面健康发展。

与学校相对比，家庭教育能够带给学生亲和力，而且，家庭对学生也有着十分深远的影响力。家庭教育对于青少年学生的成长有着极其重要的影响。因此，为了确保子女的健康成长，家长应当致力于打造一个良好的家庭教育生态系统。使其得到全面发展。具体来说，可以从这三个方面入手：第一，对于思想政治课程，家长要改变以前那种错误的观念，不要将其看作不重要的学科，而是要正确看待它，家长对课程的态度影响着学生对课程的态度，只有家长摆正态度，学生才能够重视，增强他们的学习动力；第二，对于学生来说，他们的思想和辨析能力还没有完全成熟，很容易对家长的一些行为进行模仿，这时候，家长就应该严格要求自己，为子女树立一个良好的榜样，以身作则；第三，开展家校共育，要建立一套有效的沟通机制，以便家长、学校和教师三方之间能够及时了解和掌握子女的思想和行为表现，实现及时的交流与沟通，一旦发现学生存在错误观念和行为，学校、教师与家长应共同努力，及时纠正，使其沿着正规的成长路径不断前进。

2. 完善学生家长的监督权

权力是一把双刃剑，它能给人们带来好处，也可能会使人们付出沉重代价。在高校育人体系中，教师、学校职能部门、学校党委等都拥有一定的权力，只有当权力处于合理范围时，才可以最大限度地发挥它的作用，才能真正做到依法治校，有效促进教育事业健康发展。因此，为确保协同育人的有效性，必须对权力进行有效的监督和监管，以杜绝权力滥用的情况。这时候，就需要完善学生以及家长的监督权，借助其外部力量，针对育人系统中协同育人的积极性、工作参与度、协同效果等加以监督约束，给权力拥有者以无形的压力，促使他们积极参与协同育人工作，以确保权力在正常范围内得到合理运用，更加透明、公正，从而使育人更好地发挥成效。

（二）拓展社会实践，开展和谐的社会互动活动

1. 拓展社会实践

要对学生进行思想政治教育，社会实践也是必不可少的，学生在高校中学习思想政治理论课程，其本身所具备的品质、价值观念与能力都需要在社会中得到发展和完善。新时代，高校思想政治教育应与时俱进，积极发挥其育人作用，除此之外，高校还应该拓展一些社会实践活动。比如，可以带领学生一起参观战争博物馆，祭拜革命烈士等，使学生切身感受几十年前国家与人民所经历的苦难，同时更加深刻地感受革命先烈的无畏精神，将他们作为榜样，不断激励自身。同时，学生还可参与一些公益活动来提高自己的思想境界、道德素养及综合素质，培养高尚品德情操。在对学生展开思政教育的过程中，高校应该依据本地区的有利资源与环境，积极开展社会实践活动，促进学生与社会的互动，使学生能够从学校这一方天地中跳脱出来，拓宽其视野，深化其乡土情怀，不断培养学生的爱国情感。

除了家庭的认知之外，社会风气和社会环境也影响着学生对思政课程的认同程度。因此，国家、社会和各部门应协同合作，共同营造一个良好的社会认同氛围，促使大学生增强对高校思政课程的认同感，培养大学生形成过硬的思想政治素质和正确的价值观念。具体而言，可以从以下三个方面入手。

第一，要净化社会不良环境。首先，随着国家依法治国方针的建立，相比起以前，如今社会上的违法犯罪行为已经明显少了许多，但偶尔还是会有一些不良的行为产生，这是不可避免的。针对这种情况，党和政府要进一步完善法律法规以及多途径监督机制，加强对社会环境以及网络环境的监督管理，打击违法犯罪行为，改善社会风气，从而赢得大学生对党和政府的信任，使他们能够认同思政教材与课程中的内容。其次，目前的就业形势越来越严峻，在这种社会背景下，党和政府要深入贯彻"大众创业，万众创新"政策，积极探索就业增长之路，鼓励大学生创业，并给予他们足够的支持，对参与创业的大学生实行优惠政策，并给予他们资金上的扶持，从而缓解他们的就业压力。最后，党和政府还要不断加强国家意识形态安全防范意识，避免学生受到社会上的某些不良思想干扰。

第二，用人单位在聘用大学生的时候也十分注重学生的思想政治素质，这也是其录用标准之一，这就使学生也必须重视思政课程，促使其积极地参与思政课程，提高其学习动力。

第三，党和政府要加强对报纸、杂志、电影、电视、互联网等大众传媒的管理，宣传社会上一些正能量的人或事，利用媒体传播速度快、传播范围广的特点，使更多的人关注到社会上那些能够体现社会主义核心价值观的事情，从而在社会上形成良好的风气，为学生创造一个良好的社会教育环境。

2. 要建设协同互助的校外队伍

高校可以与一些企业展开合作，建立校企战略，构建一个"产、学、研三位一体"的育人网络，建设协同互助的校外队伍，让学生可以到企业去参观、学习，利用其学到的知识，提升能力，搭建大数据网络平台、实验室、孵化园、联合培养实验班等项目，深入培养学生，从多个方面强化对大学生的思想价值观教育。在大数据背景下，校企协同育人要重视统筹大学生理论和实践、校内与社会、第一课堂与第二课堂等多种教育资源，共享优质数据、智库、平台、技术、行业、资产，促进课堂育人与实践育人在内容、作用方式、效果等方面的反馈互补，创造性地把高校思想政治工作与行业领军人才需求进行精准化的前端对接，让理论与实践在校企合作中"打结"，全方位培养大学生思维创新、实践技能、专业素养、学科兴趣、团队精神、社交方法、求职技能、职业规划意识、应变能力等。最后，构建学校、政府协同育人队伍。政府对高校思想政治工作既有"管""引"的责任，又有参与、协助、配合的义务。在全球智能、创新、颠覆、互联、开放的大数据浪潮下，政府应当加快健全数据开放、共享、安全标准体系，建立政务数据与高校思想政治工作的多联结通道，将黏性强、契合度高、价值大的数据向高校开放，加速有效数据在思想政治工作中的传播、转换。同时教师和政府人员要通过政策协商、决策分享、监督联动、评价共识、方案共建、责任同担、对象共教建立工作契合点，为大学生提供基层挂职、顶岗实习、支教扶贫的专业化、精准化对接服务，既要发挥好政府对高校思想政治工作的引导、管理、监督、调控、激励作用，又要运用政务工作的专业性、严谨性、服务性育人育心。

3. 构建社会实践与创新创业相融合的实践体系

在马克思主义认识论的指导下，当代大学生通过参与社会实践和进行创新创业，不仅能够融入社会、认识现实，更能够创新思维，发现新知，培养其社会责任感。在大数据背景下，高校的思政育人体系也在不断地转型变化，逐渐变得越来越适应这个社会，它发挥数据"催化"作用，加快社会实践与创新创业在目标、思维、过程方面的融合，使二者从内在机理到外在形式形成"默契"，建立体验式、感受性、综合性实践育人体系，让大学生在学和用的统一中成长、成才。大学生参与社会实践活动的目的在于将理论思考转化为行动自觉，通过身体力行提升理论认知，将其深化为自身的价值标准和道德准则，从而实现知行合一的境界。大学生作为国家发展的后备军和未来接班人，他们的知识储备是影响其能否担当重任的关键因素之一。为了激发大学生在创新创业项目中的创造力、自主性和事业心，要提高他们的创新意识、积极进取、自力更生和终身学习能力。

高校组织大学生参与社会实践活动在于通过"知"与"行"的转换和迁移，把理论思考转换为行动自觉，在身体力行中提升理论认知，将其深化为自身的价值标准和道德准则。而高校鼓励大学生创新创业，旨在发挥大学生自身在创新创业项目中的创造力、自主性、事业心，强化大学生敢于创新、积极进取、自力更生、终身学习的观念意识和能力。从本质上看，社会实践和创新创业目标的共同性，在于实现大学生理论解释实践与实践升华理论的双向驱动，促进知行合一。大数据视域下高校思想政治工作协同育人，要深刻认识社会实践与创新创业育人目标的共生性联系，立足于大数据时代高校实践育人的基本要求，在社会实践目标中融入大学生创新意识、知识、能力、人格培养要素，注重实践教育与大数据、云计算、5G、人工智能等新科技的生态协同。同时，视大学生创新创业为社会性和科学性实践活动，将拓宽专业知识范围、提升认识与服务社会的能力、强化社会责任感等培养内容融入创新创业育人的目标体系。随着大数据在高校思想政治工作中的嵌入加深，高校应当进一步促进社会实践与创新创业在思维上的融合。如引导学生实践部、校共青团委、就业部门、学生社团、创业指导中心的负责教师，主动将大学生社会实践与创新创业看作实践育人的一体两面，有意识地强化社会实践与创新创业在主体、内容、信息、资源、活动、平台、评价等方面的协同，依托大数据、新媒体、互联网创新实践育人协同服务形式。高校要有意识地培养大学生跨界学习的思维意识，要在社会实践与创新创业的统一中增长才干、服务社会，更要向探索精神、大胆革新、敢于批判、追求创新等人格特质的养成迁移。社会实践与创新创业作为时间意义上的可持续性活动，促进两者在过程中进行融合至关重要。在活动过程中，高校要与企业达成合作关系，坚持生产活动、志愿服务、基层锻炼、调查实验与创业发展、科技发明相结合，设立社会实践与创业联合基地、研修基地、众创空间、示范项目、前沿工程等。教师应基于大数据模型分析和预判情况，编制社会实践与创新创业的计划和操作规程，分类制定融社会服务与创新创业双向指标为一体的学习任务、管理体系、考核体系，强化大数据在实时考核、大学生实践成绩测评和创新表现中的应用，并开展个性指导，从数据应用中提升实践育人创造力和创新力。

4. 以习近平总书记的"中国梦"思想为依托，展开实践教学

（1）培养学生用"中国梦"的思想、方法发现问题、思考问题

将社会作为思政教育资源的来源，重视社会调查活动，使广大学生能够在深层次的社会调研中了解国家变化，使高校学生能够自觉运用"中国梦"的思想观点深入剖析、发现及解决问题，坚定"四个自信"，同时也让人生理想和信念更加坚定执着。

高校在智力及人才等方面具备天然优势，要切实发挥这样的优势，激励高校学生主动投入社会调查实践。为了保证社会调查活动的实践效果，必须不断提升企业实效性与科学性，特别注意在这一过程当中要设计国家在经济、社会、生活、科技、文化等方面获得的发展成果等主题，使广大学生能够认识到改革开放推动了国家与社会的巨变，让学生更加坚信中国特色社会主义道路符合中国国情，是科学性的发展道路，要坚定"四个自信"，提升对"中国梦"的认同感，并主动积极地投入"中国梦"的实现过程。同时，要做好"中国梦"实践教学的前期准备工作，尤其是加强对高校当地人文教学资源的收集、利用。通过当地的人文资源，提升高校思想政治实践教学效果。例如，合理使用高校当地的博物馆、红色文化资源（革命根据地、纪念馆）等人文资源，并将这些人文资源作为实践教学载体融入高校思想政治教学之中，在当地人文资源的教学环境下，"中国梦"不

再是遥不可及的"梦",而是切实存在、触手可及的。除此之外,为了保障高校"中国梦"思想实践教学的开展,高校还应当加强对实践教育基地的建设,并以此为社会调查的有序开展创造有利条件。大学生在社会调查过程中,不仅参与了社会实践活动,其应变能力和为人处世能力也会得到不同程度的提升。

（2）突出大学生的个性特点和现实需求

高校要重视社会实践,与此同时,要使其和专业学习彼此渗透、有效整合,助力学生综合素质的提升。学校教育需要将理论知识传递给学生,有效筑牢学生的理论学习基础。而要让学生获得丰富的理论知识,并在这一过程中发现新知,就必须依靠实践。这也是促进学生综合素质提升不可或缺的条件。对古今中外教育家的教育理论和实践行动进行分析,能够发现他们拥有一个共性,那就是都重视实践,并注重发挥其教育功能。我国古代伟大的教育家孔子就给学生提出了要求——让他们增长见闻。于是孔子便带领学生周游列国,让他们在游学的过程中丰富生活体验,提高处理各项事务的能力,以便学以致用。随着时间的推移,人们对实践教育产生了很多新的认知,也进一步确定了实践教育的突出价值。将课堂上学习到的理论应用到实践当中,并成为学生参与社会实践的理论指导,成为当代教育不可或缺的组成要素。这样的教育方法能够增加学生与外界的联系,完善学生的个人品格。与此同时,还能够提高学生的自主能力和集体观念,让他们对社会道德、经济价值等概念的认识更加深刻,也让他们能够在接触劳动者和深入社会实践的过程当中,产生尊重劳动者的正确思想。实践教育能够促进学术科研和思政教育的高度整合,成为二者的结合点,这也要求高校将课内外联系成一个整体,充分利用好两个课堂,让学生在实践当中进一步萌发和强化热爱专业的观念,不断充实自身的专业理论知识以及实践技能,明确自身作为社会主义事业的建设者和接班人要承担的社会职责,积极地为"中国梦"的实现作出贡献。

（三）优化学校教学,开展高效的思政育人活动

1.加强高校对思政教学的重视程度

国家和高校对高校思政课程的实际重视程度,直接决定着此课程的建设进度和效果。

（1）加强国家对思政课程的重视程度

其一，国家目前虽然已实行了对课程建设情况的抽检和评估制度等，但正在实施的监督制度满足不了对各高校思政课程建设的真实情况进行全面了解的需要，国家及相关部门应该进一步拓宽监督渠道、丰富监督途径，如将听取正面汇报与随机核查、明查和暗访、事先通知听课与随机听课相结合等。多途径、多方面的监督有利于全面、真实地掌握高校思政课程的真实建设情况。其二，加强高校思政教师队伍的建设，尤其是师范类高校和此学科的硕士生和博士生培养，为满足高校对专职教师的需求提供保障。其三，国家或地方相关部门要充分发挥自身在协调各高校共享课程教育资源方面的独特作用，使课程教育资源作用最大化。针对此问题，国家或地方相关部门要积极探索教育资源共享模式，并做好监督工作。在这方面，可以借鉴北京市的做法：开设市级高校思政课程——"名家领读经典"，这样既可以充分发挥理论学家的号召力和吸引力，使北京市的教育资源作用最大化，也可以激发大学生学习"经典"的自觉性，进而提升大学生学习此课程的积极性。

（2）加强高校对思政课程的重视程度

思政课程十分重要，但部分高校仍然只是在大方向上按照相关要求来建设此课程，未能把许多细节性的问题真正落实到位。鉴于此，高校应该从以下几个方面来落实细节性的问题：其一，招聘满足教学需求的教师数量，严把质量关，改变现有的"大班教学"模式，实行"中小班教学"模式；其二，加大投资，配备足量的现代化多媒体教学设备，同时加大对教师进行现代教育技术培训的力度，确保每位思政课程教师都能熟练操作现代化教学设备；其三，纠正相关部门及领导对高校思政课程价值的错误认识，合理安排其上课时间，上课时间安排要尽量符合学生学习能力的变化规律，以进一步提升此课程的教学效果；其四，高校及领导要准确定位和认识实践教学的地位和作用，把实践教学真正纳入正常的授课过程。实践教学是一种涉及学校多个部门的教学方法，需要各部门给予支持和密切配合。因此，高校及领导要督促教务处、财务处、后勤处和保卫处等相关部门积极配合实践教学，并提供足够的经费支持。此外，要积极创建校内外实践场所和基地。充分运用学校的资源，创建校内实践活动场所，如建立模拟法庭，方便大学生进行模拟庭审等；要加强与社会相关单位的合作，建立大学生校外实践基地,选择实践基地时要综合考虑单位性质、工作人员素质等因素,以免对实践效果产生负面影响。

2.建设和发展校园文化

(1)高校校园文化的作用

第一,能够塑造学校的良好形象。学校外的公众不仅会对学校的表面进行观察,还会去感知这所学校的内在精神和文化内涵,以此确立这所学校在公众心里的形象。因此,校园文化作为学校内在精神和文化的集合,其中的一些优秀人物形象及一些标志性的建筑,包括教师和一些名人,以及散落在校园内的各种书画、水墨画,特别是历史名人雕塑、碑亭等文化景观等,都对公众具有很强的示范作用。和谐的大学校园文化可以塑造学校的良好形象,提高学校的声誉和知名度,从内到外提升学校的形象。

第二,能够对学生起到教育和导向作用。我国对高校校园文化的基本要求是必须体现健康向上、生动活泼的内容。这是因为,健康向上、生动活泼的校园文化能够提高全体大学生和高校教师员工的思想觉悟和认知能力,进而塑造和培养其美好的心灵。如今,每个人身处的工作环境、家庭环境和社会环境不同,他们的人生观、价值观及世界观也有不同程度的差异。再加上如今经济全球化趋势下市场经济的冲击,信息时代的到来给全体社会成员带来形形色色信息的同时,也使其受到了一些低俗文化思想的负面影响,随之也出现了一些不良现象。这些都需要发挥校园文化价值取向的导向作用对其进行引领,启迪他们的思想行为,使其树立正确的世界观、人生观、价值观,这强烈地体现了校园文化价值取向的导向功能。

第三,能够不断提升高校本身的文化品位。对学校来说,校园文化品位主要会在学校的办学理念、学习氛围、学术水平、管理氛围、校风等方面体现出来。学生在校园里最容易体会到的就是学校的文化品位,学校展现出来的文化品位越高,就说明学校的水平越高。并且,文化品位会构成一种无形且强大的力量,在学校的方方面面渗透开来,潜移默化地影响全体成员的文化品位,对其产生一种其他专业课程无法比拟的深刻影响。因此,建设完善的校园文化,可以使学校的文化品位不断提高。

（2）营造民主氛围

在校园文化中营造民主氛围，就是要让高校重大决策的透明度、公开性大大增加。重大决策的讨论应当广泛征集或采纳大学生和高校教师的意见，使大学生和高校教师的声音和意愿能更好地在高校的重大决策中得以真实、准确地反映；还可以建立畅通的学校领导与大学生和高校教师间的联系渠道，如实行校长网上接待日、设置大学生和高校教师监督岗、长期设立意见箱等，通过这些措施让双方充分交流意见，进一步激发大学生和高校教师的精神动力、主人意识与归属感。

同时，要按照民主的原则来组织具体的校园文化活动和社团活动，处理问题、解决事情也要通过民主程序，这样可以使学生的民主观念得到训练和培养。民主氛围的营造，是大学生和高校教师在建设和发展校园文化中积极参与的基本条件，也是建设和发展校园文化使其平稳推进的重要保证。因此，下大力气营造浓厚的民主氛围是必要的，大学生和高校教师精神世界的丰富也需要以此为依托。在建设和发展校园文化中要充分发挥大学生和高校教师的作用，鼓励学有专长的教师以导师的身份参与到校园文化活动中来，帮助学生编排健康有益的文化体育活动，将传统节日、重大事件等元素融于其中，经常给予学生指导或建议，不断提高校园文化活动品质。与此同时，要增加这些活动对学生的吸引力和感染力，让越来越多的大学生愿意加入到校园文化活动队伍中。这不仅可以让学生从中得到锻炼，还可以让学生的精神世界不再空虚，以此提升建设和发展校园文化的水平。

（3）建立健全校园文化设施

校园文化设施先进且齐全、校园文化环境优美且恬雅，为校园文化活动井然有序地开展创造了便利的物质条件，也标志着整个学校的文化建设与发展水平。因此，校园文化设施的建立健全和校园文化环境的构筑，是建设校园文化过程中不能遗漏的重要组成部分。高校要科学规划、加大有关方面的资金投入力度，使各类文化设施不断完善，如图书馆、校史馆、电教馆、实验室、音乐厅、学术报告厅、体育馆、计算机中心、博物馆等，利用这些场所来开展具有不同意义又多姿多彩的校园文化活动，满足大学生的精神文化生活需要，进而丰富他们的精神世界。

同时，还应对校园进行合理布局，在绿化美化校园中形成自己独特的文化向心力，使大学生在一个共有的文化精神之上学习生活。可以从对学生情操的陶冶和综合素质的提高视角出发，并结合高校自身发展的历史变迁情况，搞好校园景观建筑、建设好园林绿化、装饰好教学楼等地，让整个校园散发出迷人芳香、充满青春活力、愉悦身心成长，成为一个既美观舒适又和谐宁静的校园生活圣地，用这种物态无言的方式感染和影响每名学生，从而达到无声胜有声的育人目的。

3. 优化校园运动休闲区的环境建设

运动休闲区是学生放松身心、缓解压力的主要场所。大学生除接受课堂教育、受教学区环境的熏陶外，大部分的时间处在运动休闲区环境的影响之下。运动休闲区内的建筑布局、精神氛围、教育活动等环境要素，必然对学生的教育起着重要作用。

（1）优化运动休闲区的空间布局

空间不仅仅是社会关系变化的"容器"或"平台"，它还是文化的另一种表现形式。因此，可以认为校园空间是校园文化的表现，甚至它就是文化。校园内的连廊和庄严的列柱也是学生教育的一部分，花园里的每块石头都能向学生传递校园精神。无论是哪种类型的校园环境建设，都必须以整体性和连续性为原则，进行空间环境布局的改造。整体性原则就是指在设计时应该有统一的思想精神，周围所有的环境布局都应该以此为出发点进行建设，这样可以使学生更加明确学校所传递的思想精神；连续性是指思想精神在空间环境布局上的分布应该是连贯的，不能只在校园里的一个或几个地方体现思想政治教育精神内涵。教学楼的教室是大学生接受思想政治教育最多、最频繁的一个场所，我们应该在其他的校园空间环境中将其连续下去，可以是温馨有爱的宿舍、使人振奋的广场，也可以是宽敞整洁的小路，清澈明亮的湖水。因此，必须优化运动休闲区的空间环境布局，既要体现校园建筑的审美情趣，也要体现时代脉搏，更要体现校园精神，使学生无论是在课堂内还是课堂外，都能受到环境教育的熏陶。

（2）完善运动休闲区的"教育链"

大学生的学习任务相对高中来说有所减少，这为学生参加课外活动提供了充足的时间。完善运动休闲区的教育链就是指使学生通过对校园活动的深入了解和学习，形成对该活动的进一步认识，从而形成一种情感上的认同，而不仅仅是停留在这场活动举办的表层意义上。因此，对大学生的教育要由无到有、由浅入深，使学生形成系统的、切实的思想逻辑。如学校举办足球比赛，大多数高校都提倡竞技体育，宣扬体育精神，但往往都忽略了足球比赛带给学生情感上和认知上的变化。一场足球比赛的真正作用在于育人，学生通过一次活动体会到的不仅仅是竞技场上的体育精神，更多的是对体育精神的延伸，最后落实到体育活动育人的角度上，形成一个完整的教育链条，这才切实符合高校对学生的培养目标。当然，形成一个完整的教育链条需要校园活动的组织者做好活动前期和活动后期的统筹计划工作，为学生提供深化自身思想意识的机会和平台，如组织学生进行赛后反思、邀请专家或专职教师进行专题讲座，使学生充分意识到每一场比赛背后所蕴含的意义，这样才能帮助学生树立良好的思想意识。

四、促进学生心理健康教育与思政育人体系相结合

（一）大学生心理容易出现的问题

目前，部分学生会在学习和生活中表现出一些问题，这些问题主要集中在以下方面。

一是无聊感。学生很容易在学校的学习中出现无聊感以及缺乏学习动机，这对于学生的发展是十分不利的。

二是缺乏学习动机，这是很多高校学生普遍存在的问题。

三是缺乏自制力。随着年龄的增长，人们逐渐认识到，如果想在生活中取得成功，就必须具备自制力。例如，早上7点，尽管人们可能并不愿意起床去上班，但他们清楚地知道，为了获得工资，必须强迫自己起床。然而，一些学生仍然不知道如何控制自己。他们的自制力较弱，无法集中注意力。这种情况的出现可能与他们的家庭背景有关，也许是因为他们从未接受过相关技能的教育，没有人向他们强调自控的重要性，也没有人培养他们的自控行为。在学校中，任何缺乏自制力的学生都会感到不适。可以说，如果大学生缺乏自制力，他们就很难控制自己的行为。因此，自制力的培养和提高对于大学生的成长至关重要。为此，在思

政育人体系建设中，还应该切实关注学生出现的以上问题，重视大学生这一思政育人体系建设的主体，促使学生形成良好的思想政治风貌。

（二）重视大学生这一思政育人体系建设的重要主体

1. 采用大学生喜闻乐见的教学方式

针对大学生对思想政治教育认识不够、兴趣度较低、课程育人观念淡薄等问题，在实施思想政治教育的过程中，可以采用多样化的教学方式。可以通过网络课堂和线下课堂相结合的教学形式以及微信公众号和新媒体推送丰富大学生专业道德及素养的文章，还可通过积极参与现场观摩、发现问题、调查分析、热点事件探讨等活动，使"课程思政"与日常生活相连接，改变学生之前对思政元素空泛的认识，使学生思考和解决现实问题的时候能够不断强化对主流意识形态的认识，增强整体意识，让学生做到心中有数、行动一致，并增强其对思想政治教育的认同感，提升育人效果。

2. 形成符合大学生认知需求的教学风格

教学是一门艺术，好的课堂教学效果离不开好的教学风格。教学风格的养成必须从学生的认知需求出发，贴近学生的需求和愿望，充分调动学生的内驱力和积极性，实现思想和行动的统一。可以寻找学生感兴趣的话题，并根据其兴趣制定或调节教学内容，还可以结合教师自身的教学特点选择适宜的方法，从而实现教学目标。举个例子，在学习新课程的内容时，可以提前提出问题引导学生通过搜集整理课程内容的相关资料，形成自己的判断，之后让学生做成PPT形式的报告，通过报告展示、交流，分享自己的理解和感受，在共同探讨中更好地领会教学内容，激发学生的情感共鸣。

3. 引导大学生应对外部社会环境的潜在冲击

高校应该提前谋划并积极应对外部社会环境的潜在冲击，在外来文化的辐射与本土文化的浸润下，大学生的思想容易受到外部环境与社会变迁的影响。大学生对时事热点、社会重大事件敏感度强、关注度高，对待社会主流意识与社会变迁发展，有着超强的介入意识。而在当下的信息科技时代，大学生积极的社会参与意识最突出的表现便是利用移动新媒体来表达自己的观点。他们一方面关心党和国家大事，承担着社会责任，勇于奉献，另一方面不会回避对个人利益的追求，不会只考虑国家和社会利益，更多时候是寻找奉献与索取的平衡点，即在注重价值实现的同时要求有物质利益的回报。要帮助大学生树立远大理想信念，青年强则国强，青年大学生的发展影响着国家的未来，大学生只有树立崇高的理想信念，紧系国家和民族的命运，才能在中华民族伟大复兴的进程中，书写青春梦想、谱写人生华章。

第四章　高校思政育人的提升路径

本章主要讲述高校思政育人的提升路径，从四个方面进行叙述，分别是加强校园文化建设，提高大学生自我教育能力，搭建思政育人信息平台以及加强各方力量的监督与管理。

第一节　加强校园文化建设

一、实现传统媒体与新媒体的融合

在这个信息高度发达的时代，新媒体的崛起无疑对传统媒体产生了一定的冲击，导致其关注度有所下降。然而，我们不能因此忽视传统媒体的价值和作用。相反，我们应该积极寻求将传统媒体与新媒体相互融合、相互促进的途径，使两者相辅相成、相得益彰。通过这种融合，我们可以充分发挥两者的优势，为公众提供更加全面、准确、及时的信息服务。

在高校校园文化建设中，我们应当积极探索新媒体的应用潜力，同时还要发挥好传统媒体的作用，充分发挥传统媒体在弘扬主旋律方面的独特优势。在传播思想政治教育信息的同时将两者结合，使新媒体和传统媒体皆成为大学生喜闻乐见的文化载体，共同构建新旧媒体之间的良性竞争格局。为了实现新旧媒体的有机融合，我们需要从三个方面进行考虑，分别是内容的深度挖掘、管理机制的完善以及传播途径的优化。在内容方面，宣传校园主流文化之时要考虑校园自身的特点，要贴近社会和学生，符合生活实际，要将新媒体内容的海量繁杂性与传统媒体的专业权威性结合起来。在管理方面，要加强对传统媒体专业队伍的培训，提高他们的新媒体素养，提升教师的新媒体素养水平，使他们能够更好地实现新媒体与传统媒体的融合。在途径方面，要将广播、电视、宣传栏等传统媒体与手机、网站、微信公众号等新媒体结合起来，利用高校优势资源进行整合，实时在线进行宣传，加强学生、教育者、管理者等多方面的互动与交流，充分利用互联网优势，打造全媒体平台。

二、加强校园新媒体队伍建设

高校校园文化精神的贯彻离不开新媒体队伍建设，加强校园新媒体队伍的建设是高校校园文化建设的重要依托。新媒体时代，高校教师需要具备一定的新媒体素质，教师应当善于运用新媒体手段来推动工作的开展，这样，才能更好地运用新媒体技术为教学服务。除了要具备卓越的思想政治素养和强烈的社会责任感之外，高水平的新媒体团队还要拥有出色的新媒体应用能力，要能够了解当今世界的发展特点与现状，能够深入到大学生的学习和生活中，与他们展开深入交流互动，这样，他们才能够创作出与当今时代相符的、与大学生思想文化相符的新媒体内容。因此，高校应建立一支结构合理、素质过硬、专业精通的校园新媒体队伍，提高其新媒体运用水平和质量。为了监管新媒体动态，需要建立一支由校党委领导、网络中心、宣传部、学工部和学生代表等组成的高水平网络监管团队；另外，还需要建立一支志愿队伍，以推广"网络环保"理念，动员在校大学生共同参与。在日常工作中注意发挥高校宣传阵地作用，利用校园网络平台进行传播，建立一支网络思想政治教育引导团队，由杰出的专家学者组成，然后针对网络上的一些当下热点话题撰写评论，将之展示给学生，引导大学生深入思考，提高其思想素质，促进高校校园和谐发展。

三、打造主导性校园新媒体平台

当前我国高校正处在信息化时代，互联网技术应用正在不断地改变着人们生活的方方面面，网络也是一个信息交流和共享平台，它为大学生提供了广阔而丰富的信息资源，有利于培养学生的自主创新精神以及创新能力，同时也给高校学生带来了许多方便和好处。如今，网络世界已经成为广大师生现实生活的有力延伸，为加强校园网络建设，巩固校园文化建设的媒体基础，我们需不断推进相关工作，打造主导型校园新媒体平台。师生可以在虚拟空间中进行现实生活中的一切活动，同时也能够进行现实生活中无法进行的活动，这种双层叠加的虚拟与现实，有利于人们发现社会问题、转变教育教学方法、促进人的发展。因此，高校应当积极利用网络的优势，扩展虚拟空间，利用网络媒体传播正能量，引导学生树立正确的人生观和价值观。相比起传统媒体，网络媒体具有不可替代的作用，要利用好这些新兴媒体资源，提升高校学生素质。然而，我们必须认识到，处于成长阶段的大学生难免会受到复杂多样的负面信息影响，从而做出不当的行为，走向错误的方向。因此，高校应当对进入校园的网络进行有效的筛选，建立一个积极健康的校园网络平台，为学生提供安全保障，同时也要注意培养学生明辨是非的能力，以确保他们能够充分享受信息共享的便利，从根源上预防思想的偏离与"出轨"。

随着新媒体信息传播的逐渐发展，高校应当加强对校园新媒体的应用与开发，建设校园网络基础设施，为校园新媒体信息传播打下基础。力求做到以下四点：第一，在校园文化宣传领域，可以设立一份手机电子报，以满足大学生对校园动态和时事热点的关注，从而主动占领宣传阵地。第二，可以创建一个校园微信公众平台，在这个微信公众平台之上设立三大板块，分别是校园资讯、学生咨询和教学管理，以向学生推送有关主流文化意识的资讯信息，解答学生的问题，管理学生的教学，将这三大板块结合起来，涵盖校园的学习和生活。第三，开通主题官方微博，学校与学生可以借助这个官方平台来进行互动，学生可以就学习、生活中的一些问题展开提问，然后官方微博给出反馈，解决其提出的问题，从而促进师生之间的互动，塑造良好的校园文化。第四，数字移动图书馆的创建也是一项重要的举措。高校要充分利用数字科学技术，建设好自己的数字移动图书馆，促进资源整合，为大学生提供随时随地快速阅读和查询资料的便利。

第二节　提高大学生自我教育能力

一、提高大学生自我教育能力的主要途径

（一）增强大学生自我教育意识

自我教育，顾名思义，就是受教育者自己对自身进行教育，受教育者充分发挥其主观能动性，学习知识，掌握技能，内化其思想，调控其行为，从而不断地

提高自身的素质。受教育者如果缺乏自我教育意识或者说自我教育意识不充分，那么就会陷入被动之中，无法进行自我教育。因此，要提高大学生的自我教育能力，最重要的措施就是增强大学生的自我教育意识，激发他们自我教育的内在动力。要增强大学生的自我教育意识，主要有以下三点。

1. 引导大学生正确认识自我，激发自我教育的意识

要增强大学生的自我教育意识，就要引导大学生正确认识自我。自我认识的主体与客体都是同一个，即自我。只有真正地认识自我，全面地了解自我，从心底里接纳自我，鼓励自我，才能给予自己一个准确的定位，才能激发自我教育的意识。

第一，培养大学生自我认识能力，使他们形成自我教育的信念。学生们一天天长大，相比起之前，大学生的社会地位已经发生了显著变化，他们的自我意识也在逐渐地增强，开始将目光更多地放在自身上，开始探索自我，认识自我，评价自我。要使学生能够真正地了解自己、评价自己，提高自我认识能力，形成比较系统的自我评价能力，就需要健全班级集体，这是其形成自我信念的重要条件。大学生对于自身能力品质的认识与评价，是从认识他人的品质中开始的，需要在集体中不断锻炼，以人为镜，在比较中更加清晰地认识自己。

第二，树立远大理想，激发自我教育的内在因素。对于大学生来说，仅仅拥有自我教育的信念与自我认识的能力是远远不够的，还必须培养他们自我激励的能力，这样，他们才能够坚持不懈地进行自我教育，获得强大的内在动力。学生自我激励的能力主要与学生的个人理想有关。每一个学生都有自己的理想，每个人的理想也都是不同的，他们努力地汲取知识，学习技能，渴望有朝一日能够实现自己的理想。学生对自己的理想的感情基础越深厚，对自己的理想就越有信心，他们往往内心也就拥有更加强大的自我激励能力，激励着他们不断前行。在不断前行的过程中，学生们不断地进行知识理论技能的学习，知识储备在不断地增加，内心逐渐培养起高度的社会责任感与历史责任感，树立起正确的三观，学会使用唯物辩证的观点去看待个人与社会，发现自身的缺点并改正，不断地完善自己，自我教育能力也在不断地提高。

第三，开展大学参与型教学活动。随着时间的推移，相比起之前，现代社会更加注重发扬学生的主体性，培养学生的自主自立精神，在大学之中，参与性教

学活动更加符合现代社会的特点，适应现代教育的要求。参与型教学活动强调学生主动参与教学过程，有助于培养学生主动参与的积极性与主体性，促进学生自我教育能力的形成。在中小学教育之中，学生接受的教育往往是知识积累与记忆能力方面的训练，而在大学生教育中，高校更加注重对学生实践能力、人文精神、创新精神、科学底蕴等方面的培养。在大学教学过程中，如果学生无法发挥主观能动性，那么学生就无法适应现代社会的发展。大学的参与性教学活动能够帮助学生开拓思维，形成创新精神与实践能力，同时，也能够促使其树立自信心，增强自我效能感。

2. 高校要树立"以生为本"的教育理念

在高校之中，学生是学习的主体，高校教育始终要坚持"以生为本"的教育理念。

第一，尊重学生的主体性。自我教育的前提就是学生要有主体性，自我教育是在学生主体性的前提下充分发展的，只有尊重学生的主体性，学生的主体性充分发展之时，学生的自我教育能力才能得到充分实现。

第二，发展学生的反思能力。自我教育不仅表现为自主性和自我反馈等，也需要通过反思活动，更好地了解自我和外部环境，更好地把握自我和所处环境。自我反思能力的形成需要大学生在已有知识经验的基础上，对自己和自己的学习、交往等活动不断进行总结、反思，以了解自己在学习过程中有何变化，看到自己取得的成绩，不断教育自己和提高自信心。大学生的反思能力一方面可以通过课堂教学来培养，培养其对社会环境、所学知识的评价能力；另一方面大学生可以进行自我评估，在思考中内化教师的教育与教导。

第三，重视学生自我调节能力的培养。当今社会不断发展，日新月异，人类的科学知识正以前所未有的速度剧增。教育的重心已从学生掌握知识发展到培养学生能力、发展学生自主性上来。自我调节的学习能力是学生自我教育的能力之一。知识的急剧增长使学生在学校学习的知识量已远远不能适应变化的社会要求。他们必须具有不断学习、自我调节的能力，能根据面临的环境及时地调整、学习新知识，才能适应社会要求。发展学生的自我调节能力，一方面教师要在教育过程中对学生进行学习策略的指导，指导学生根据不同情境调整学习过程，并在此基础上不断地产生新的学习目标。学生的自我计划、自我管理和自我鼓励等对他们自我调节能力的形成具有重要作用。现代社会需要独立思考、学会适应新情况且能够变通的人。学生只有具备自我调节能力，才能成为具有现代社会品质的人。

3. 实行榜样示范教育

榜样示范教育是通过提供大量有价值的先进事迹号召学生学习，仿效其思想、行为和精神，以此来感召学生、教育学生。学生通常以受教育者的身份接受教育，榜样教育还可以让学生以教育者的身份进行教育，这样效果也许将更加理想。自我教育作为实现自我发展目标而进行的自我培养活动，既是自我意识发展到一定水平的产物，又是推进自我意识发展的力量。

通过评选表彰，树立道德模范，用他们的先进事迹感召大学生，有利于把社会主义道德观念传播到大学生中间，有利于大学生树立正确的价值导向。榜样的力量是无穷的，高校可以利用正反两方面的事例，教育广大学生正确地区分真善美和假恶丑，在道德评价中逐步提高自我道德水准，完善自己的人格。如让高年级的学生担任低年级学生的班主任，一方面，低年级学生以高年级学生为榜样，高年级学生能够示范和激励低年级学生，促进低年级学生的自我教育。另一方面，从高年级学生的角度来看，他必须以教育者的身份去对待别人，所以会更加注重自身素养，从而增强自我教育的能动性。榜样教育具有感染力，警示教育则有震慑力。警示教育是运用已经处理过的反面典型为教材对学生进行教育的一种方式，开展警示教育能够让学生吸取教训，引以为戒。正面学习有榜样，反面教育有镜子，坚持榜样教育与警示教育相结合，充分发挥正反两方面典型的激励和警示作用，将很好地提高大学生自我教育的主动性。

（二）搭建大学生自我教育的实践平台

1. 高校学生会

高校中往往有高校学生会，这是一个学生群众团体，主要由学生构成。它包含多个部门，与学生学习、生活的方方面面都有联系，能够为学生提供很多帮助，同时也能够提高大学生的自我教育能力。学生会主要根植于学生之中，深知学生的各方面情况，这样，就能够对学生有一个更好的定位，从而更好地对其进行服务。学生会要安排多场不同的活动，使每一个学生年级的要求都能够得到满足。

在集体活动过程中，学生们的主观意识不断地被激发，兴趣爱好也在不断地发展，个人综合素质不断地提高。

高校中的学生会还承担着桥梁和纽带的作用，它将党与广大学生联系在一起，它能够将党的新方针、新政策等传递给学生，使其能够及时了解当前的形势与信息，获得学生的理解，促使其能够正确看待这些方针、政策，并在无形之中影响着他们，使他们能够自觉地去遵守与执行。高校学生会能够按照党的方针政策潜移默化地影响学生，教育学生，促使其德智体美全面发展；同时，高校学生会还能够将学生的思想动态及时地向党组织反映，协助学校党组织更好地展开学生工作。

高校学生会可以邀请一些知名的英雄人物、专家、学者、党政领导等来到学校，举办座谈会、报告会等，这样，学生们能够更加深入地了解当今社会上的一些关于国计民生、社会风气等问题，从而树立起正确的世界观、人生观、价值观，提高其内在的动力。同时，这样的活动也能够为学生们提供一个与优秀人物面对面交流的机会，有助于拓宽他们的视野，增强他们的社会责任感和使命感。另外，高校学生会往往有自己的刊物以及宣传渠道，如广播站、校园报、宣传站等，学生会可以利用这些宣传方式来宣传国家的各种政策方针，使学生们能够了解当前国家的一些大事小情，提高大学生的责任感与使命感，引导大学生增强政治观念，树立远大理想，为其自我教育提供强大的精神动力。

2. 学生社团

高校学生社团也是大学生自我教育的重要实践平台。学生社团通常是由学生自主组建起来的，是自我管理、自我教育、自我服务的团体，学生可以自主决定自己加入哪一个学生社团。在学生社团中，学生可以有计划、有组织、有成效地开展第二课堂活动，可以增长知识，扩大知识面，培养能力，展现个人才华。同时，在学生社团中，学生们还能够培养新的兴趣爱好，提升自身的素质水平，锻炼自身的管理能力，德智体美全面发展。另外，如今学生社团在蓬勃发展之中，逐渐成为丰富校园文化的主力军，成为高校思想政治教育以及文化科技等活动的主要载体。

第一，社团活动有助于完善学生的知识结构。通常的情况下，学生社团涵盖了多个领域，包括政治、经济、体育、文化等。这些社团种类繁多，如民乐社、动漫社、辩论社、滑板社、街舞社、计算机社、文学社、马克思社、英语社等。学生们通过参与社团活动，可以在课堂之外学习到许多与本专业不相关的知识，进而促进自身知识结构的不断完善。这些社团活动对于学生的综合素质提升和全面发展具有重要意义。

第二，学生社团使学生的思想道德水平得到了提升。学生社团中的主要成员是学生，它主要是由学生自发组织起来的，但是在校园之内，学生社团的各种活动始终会受到高校的主导与控制，因此，学生社团活动可以作为高校思想政治教育的载体加以利用。思想政治教育者将思想政治教育内容融入社团活动之中，这样，思想政治教育内容就不会显得过于枯燥，学生们对其中内容的兴趣也会更大一些，他们主动参与到社团活动之中，能够潜移默化地接受思想政治教育，从而增强其内心的责任感与使命感，促使其树立正确的世界观、人生观、价值观，从而达成自我教育的目的。

第三，社团活动能够促使学生实践能力得到提高。学生加入某一社团之中，往往会参加社团内的一些活动，这些活动往往比较注重实践，能够锻炼学生的实践能力，学生在参与实践、表达自我的过程中，信心也在不断地增长，能够获得自我认同感，从而使自身的人格得以健康成长，自身的实践能力也在不断地提高。

总之，学生社团可以拓宽学生的知识面，完善学生的知识结构，还能够提高学生的思想道德水平与实践能力，这使学生的自我教育能力也在一定程度上得到了提高。

3. 社会实践活动

大学生的成长过程，是一个不断认识社会、适应社会，并通过自我创造为社会做贡献而被社会认同、接受的过程，要引导大学生积极地参加社会实践和社交活动，要让他们在实践中检验"现实中我"与"理想中我"的差距，并激发主体意识，自觉地进行自我反省、自我调节、自我控制、自我完善，不断地修正"现实中我"。社会实践活动在提高大学生自我教育能力方面有着重要的作用。

第一，社会实践有利于大学生在接触社会中更好地认清我国改革开放的大好形势及其发展方向。大学生积极投身社会实践，去接触社会，体验生活，与各阶层的人进行沟通交流，关注时局形势的发展动态，能够把握推动社会发展的内在动力，明确自己的奋斗目标和努力方向，将自己融入人民群众中，体察民情，关心民生，感受社会变迁沧桑，用自己的知识和智慧来为人民服务，充分地展现自己的才华。组织大学生进行社会实践，把他们置身于改革第一线，让他们亲身经受改革大潮的洗礼，能够使大学生提高对改革的认识，调整自己在改革开放中的位置。

第二，社会实践有利于大学生探讨人生价值，树立正确的人生观。社会实践有利于大学生在实践中针对自己的思想实际，根据社会需要，从共产主义理想或者集体主义角度出发，在全面建成小康社会的各种平凡岗位上，从无数的默默无闻地为现代化建设作出重大贡献的无名英雄身上探讨人生的价值，找到自己人生价值的真谛，从而树立起正确的人生观。

第三，社会实践有利于学生增强自我意识，树立正确的人才观。全面建成小康社会的目标迫切要求高等院校培养创新型的建设人才。无论是树立正确的人才观，还是培养四化建设的人才，都离不开社会主义现代化建设的社会实践。只有社会实践才能使大学生正确了解社会主义现代化建设对各行各业以及各部门各单位骨干人才的具体要求，了解培养具有中国特色社会主义现代化建设人才的具体要求，并在实践中得到检验。

二、提高大学生自我教育能力的外部支持

（一）外在教育的支持

辩证法认为，外因是变化的条件，内因是变化的依据，外因通过内因起作用。所以，事物的运动、变化和发展主要是事物的内部矛盾引发的，当然，外部矛盾也是不可缺少的条件。因此，大学生自我教育能力的提高，不仅需要对大学生自我教育的内部支持，还需要外在教育因素和力量的支持，包括学校教育、家庭教育、社会教育等方面。这些外在因素通过潜移默化的渗透力量影响大学生的自我教育过程，它通过非强制性手段，感化大学生，对大学生的自我教育具有引导、感染、促进和保障等作用，是大学生自我教育有效展开的不可缺少的机制。

1. 家庭教育

人一出生便是在家庭之中，受到家庭教育，直到去上幼儿园才开始接受学校

教育，对于孩子来说，家庭教育是他们接受到的第一阶段教育，对于孩子的一生至关重要。与学校教育和社会教育相比，家庭教育有一种十分显著的优势，那就是它是以情感为基础的教育，与家庭生活紧密联系。家庭教育在一种和谐、关爱的氛围之中进行，每时每刻都可以进行，其特点就是示范与模仿。家庭教育是长幼之间的教育，它是与生俱来的，在这个时期，孩子们没有很分明的对错意识，他们往往会模仿大人的行为动作。因此，在教育过程中，家长需要加强自身修养，以身作则，给孩子做一个好的榜样，同时要在家中建立一个民主和谐、积极进取的氛围，促使他们感受到家庭的温暖并不断进步，还要时不时地与孩子进行必要的情感交流与心灵沟通，关注他们的心理状况，促使其身心健康成长。另外，不要过多地溺爱孩子，而是要培养孩子独立自主的意识，使他们能够自觉规范自己的行为，遇到困难时要敢于面对，抓住机会，解决问题，不断提高自己。

2. 学校教育

一个人一生中要接受多次教育，但是最重要的便是学校教育。学校教育是有系统、有计划、有组织地培养人的活动，是个体社会化的重要基地，决定着个人社会化的水平与性质，在学校中，学生接受计划性的指导，系统化地学习各种知识、规范、价值观念与道德准则。在学校教育过程中，需要注意以下几点：第一，学校要改变传统的教育观念。传统的教育观念往往比较注重教育者即教师，而对学生的主动性认识不够。在学校教育中，要改变这种传统的教育观念，重视学生的主动性，培养学生自我教育的意识，提高学生自我教育的能力，促使学生能够学会自己教育自己。第二，学校要创建一个良好的物质与文化环境。其中物质环境主要包含教育中的教学设备、生活条件等，文化环境主要包含教育的教学理念、教学氛围、价值观念、学术水平等。学校要创设一个和谐友好的校园环境，开展丰富多彩的校园活动，促使学生感受到其中的校园文化之美，从而更好地开展教育，陶冶学生的道德情操。学校还可以在具体活动中教给学生一些实施方法，促使学生开展自我教育，提高学生的自我教育能力。

3. 社会教育

社会教育包括社会政治因素、社会思潮和社会风尚、大众传媒等对人的影响。思想政治教育作为一种意识形态，是由经济基础决定的，是社会关系的产物。道德教育和人们的道德观念都根植于一定的社会关系，归根到底根植于一定的经济关系，并随着社会关系、社会经济制度的变化而变化。我国正处在全面深化改革、推进高质量发展的关键时期，经济社会发展面临着许多新的机遇和挑战，社会经济结构、产业结构和社会运行机制正在发生深刻变化。因此，我们需要更加注重加强宏观调控，推动经济发展方式转变和经济结构调整，提高经济发展的质量和效益，实现可持续发展。与此相联系，国家政治制度的现状及其变革调整的幅度、力度以及由此体现出来的一系列政策和措施，不仅改变着人们的物质生活方式，而且在一定程度上影响着青少年的思想品德。打开国门，走向世界，加速了物质消费观念和精神文化的交流，加之大众传媒在社会生活各个角落的渗透，不管是积极的还是消极的都会对青少年产生深刻的影响。由此可见，在社会教育中，我们都应树立以青少年为本、师生相互信赖、民主平等的教育观念，创造健康、向上的自我教育氛围，尊重每一个青少年，用爱的情感和爱的行动、爱的艺术，培养和调动起每一个青少年参与自我教育的意识，使青少年真正投入自我教育活动中，从而成为自己的主人。现代社会由于科学技术的迅猛发展，社会知识总量的激增，劳动就业结构的突出变化，使知识更新的速度不断加快，社会要求青少年扩大社会交往，充分发展其兴趣、爱好和个性，广泛培养其特殊才能。因此，社会教育对提高大学生自我教育能力来说，具有极其重要的意义。

（二）管理工作的支持

从传统的大学生教育管理方式来看，尤其是大学生道德教育，往往强调道理对人的影响，甚至以理压人，以制度压人。一些教育者利用自身权力对学生个体进行的思想教育工作具有随意性，受教育者变成了完全被动与理应服从的承受者。这样的教育方式往往会引起大学生的逆反心理和不信任感，很难达到大学生教育管理的有效性。因此，必须创新大学生管理方法。

1. 要积极为大学生提供适当的自我教育空间

大学生生活丰富多彩，而且有着积极向上的心态和参与活动的热情。教育者要为大学生开展自我教育创设空间，并引导他们主动进行自我教育。教育者可以让大学生自主地管理班级，自主地开展活动。并且尽可能地发挥党团组织、学生会、社团、社会实践小分队等组织的作用，给大学生以展示才华、锻炼自我的机会。同时，大学校园里丰富多彩的校园文化活动、各种竞赛活动，也会积极推动大学生自我教育能力的培养与提高。

2. 要营造民主、宽松、积极向上的氛围

学校民主建设的本质是把广大教师、学生真正看作学校的主人和学习的主体。高校要提倡民主，营造民主气氛，让学生感到自己是学校的主人，从而激发其稳定持久的自觉性和主动性，树立良好的学风、班风。这样一来，学生在学习中、在日常管理中就会以主人翁的姿态自觉投入其中。自我教育的对象不仅仅是学生个体，也包括集体的自我教育，这两者是密切相关的。一方面，一个健康向上的集体可以激发广大学生自我教育、自我管理的自觉性，树立"校荣我荣，班荣我荣"的思想，自觉地把自己的利益与集体的利益联系在一起；另一方面，个体自我教育能力的提高，又在潜移默化地影响着群体中的其他个体，促使整个群体自我教育水平的提高。因此，在大学生群体中营造民主、宽松、积极向上的氛围，必将更好地发挥群体的自我教育作用，有利于大学生自我教育能力的培养。

3. 完善大学生自我教育的保障制度

任何实践活动都需要一定的制度作为保障，制度保障与一般的个人承诺相比，更具有稳定性、权威性。大学生自我教育特别需要一系列的制度作为保障，以改变当前自我教育的随意性。为了保障大学生自我教育稳定而持续地进行，学校应顺应大学生思想意识发展的程度，在以往制度的基础上进一步完善。

第一，建立大学生参与学校管理工作的制度。自我教育的主体是大学生，高校要充分调动他们的积极性引导他们进行自我教育，促使他们参与到学校的管理中。如现在很多高校将本科生安排到学生处、图书馆、资料室实习、锻炼，使他们更好地了解学校为他们自身发展提供的有利条件，并能够充分利用有利的条件实现自我发展。

第二，建立学生在学习中的自主选择、自主学习制度。高校要给大学生一定的自我教育空间和时间，确保他们除了接受教育者的理论灌输之外，还能自觉地根据自己的实际情况进行自我完善和提高，如规定大学生每周都必须有共同学习、讨论的时间，规定大学生每学期对自己进行一个全面的评价，并写成书面材料，以利于以后更好地改正不足。

第三，完善大学生自我实践的制度。高校应鼓励大学生参加各种实践活动，如支教活动、寒暑假的实习锻炼、无偿献血、植树等活动，要对他们这种自觉的自我发展给予一定的奖励，并与评奖学金、入党相结合，提高他们主动进行自我教育的积极性，更好地促进自我教育目标的实现。

（三）校园文化的支持

校园文化指的是学校具有的特定精神环境和文化气氛，它包括校园建筑设计、校园景观、绿化美化这种物化形态的内容，也包括学校的传统、校风、学风、人际关系、集体舆论、精神氛围以及学校的各种规章制度和学校成员在共同活动中形成的非明文规定的行为准则。校园文化是提高学生自我教育能力、提高综合素质的有效载体。大学生在一定的校园文化中会自觉不自觉地接受、内化并整合其主导的价值观念和思维方式。这种变化具有非强制、非逻辑的特点。大学生通过自觉有效的自我教育，养成良好道德品质、文明行为和学习风尚，离不开丰富多彩的高品位、多层次的校园文化活动，离不开良好的校园自然环境和人文环境。要创设有利的"道德场"，关键要加强校风和校园文化建设。高校要从人才培养的高度加强校园文化建设，重视高校内部潜在的、非课程形式的教育活动，精心设计、着力构建一种适合大学生成长发展的、充满新意的校园文化环境和学术氛围，形成大学生自我教育的良好环境和氛围，通过对大学生的心理感染促使大学生自我教育行为的发生。

1. 加强"硬"文化建设

校园物质文化是校园文化的硬件，是一种外在的、最直观的表现形式，如校园建筑布局，校舍内部的陈设布置，校园的绿化、美化等。大学生是校园环境建设的主体，他们既是校园环境的创造者，又是校园环境的享受者。美好的校园环境对大学生具有潜移默化的教育影响，能够引起大学生思想、审美观念的变化。因此，高校首先要从创建健康优美的校园环境出发，发挥校园文化的熏陶功能，加强大学生的自我教育。美的环境是一部立体的、多彩的、富有吸引力的教科书。在进行校园外表形象具体设计和布局的时候，高校要遵循高品位原则，设计新颖、制作精细、布局合理、格调高雅、寓意深刻，使校园成为充满意义的生活世界。校园建筑和校园景观是校园物质文化的主要组成部分。在设计时要多从实用角度出发，以满足学生生活需要为宗旨。教学楼的设计则要在实用的基础之上，更加讲究舒适并体现出一定的艺术特色。教师实验室、图书馆、阅览室的建筑还要从卫生角度设计，在朝向、采光、照明等方面按照要求规范设计。从总体上看，现代校园建筑越来越重视审美，越来越强调艺术特色。在校园的物质环境建设中，校园景观建设也不容忽视，高校要做好绿化美化工作，使校园的山、水、园、林、路等达到使用功能、审美功能和教育功能的和谐统一，用优美的校园景观激发大学生的爱校热情，陶冶大学生关爱自然、关爱社会、关爱他人的美好情操。学校要在公共场所布置具有丰富内涵的雕塑、书画等文化作品，营造高尚健康的人文景观氛围。学校要组织大学生广泛参与校园楼宇、道路、景点的规划、建设、命名以及管理工作，增强大学生对校园文化环境的认同感。

2. 加强"软"文化建设

校园精神文化是校园文化的软件，具体包括教风、学风、校风、制度、文化氛围、文化活动等。首先，加强舆论文化的渲染，发挥校园文化的导向功能。学生的从众心理使他们的思想行为容易受到集体舆论的制约和同化。因此，高校要重视舆论文化的建设，真正做到"以正确的舆论引导人"。首先，要加强思想政治学习，注重养成教育。其次，应充分发挥黑板报、广播站、校报和宣传橱窗的主阵地作用。再次，要加强"爱校"教育，培养母校意识，激发强烈的荣誉感、自豪感，从而产生凝聚力，形成学校精神。此外，还要确定共同的奋斗目标。最后，要利用多媒体、网络、电视，宣传优秀教师和优秀学生，树立榜样。营造奋发向上的校风，发挥校园文化的教育功能，抓好领导作风建设，要求高校领导以身作则，树立"团结协作、勤廉高效"的工作作风，坚持实事求是、讲求实效、科学管理，以人格育人，为促进良好校风的建设奠定基础。高校应从教职员工入手，开展师德教育活动。规范教师风纪，使他们在工作中做到严于律己，为人师表。教师以自己良好的师德表率给学生树立榜样，以深厚的思想情感、庄重大方的仪表、和蔼可亲的仪容和彬彬有礼的语言给学生做示范，让学生在学校学习和生活中不断地受到教育。高校要优化和谐的人际关系，发挥校园文化的凝聚功能。校园人际关系包括师生关系、学生关系、教师关系三部分。高校应塑造"三种角色"："领导＋长者＋朋友"型的领导角色，"师长＋父母＋朋友"型的教师角色，互助互爱、情同手足的同学角色。高校应开展丰富的文化活动，发挥校园文化的激励功能。"在实践中锻炼，在体验中发展"是学生发展的根本理念。高校应积极开辟阵地，创设舞台。如各种体育比赛、文艺汇演、美术书法作品展、影视欣赏、社会服务、勤工俭学、军训、文娱晚会等，兼顾教育与情趣、知识与娱乐、活动与安闲，使全校师生在参与中充分发挥主观能动性，寓教于乐，陶冶情操，锤炼品格。高校应建立规范有序的管理机制，发挥校园文化的控制功能。俗话说，无规矩不成方圆。制度是校园文化建设初级阶段的产物，是为了保障学校教育的有章、有序和有效而采取的一种有意识手段。学校规章制度应达到几下几点：一是全，事事有章可循；二是细，内容具体明确，操作性强；三是严，纪律严明，赏罚分明。这样一来，学校就会形成自我激励、自我约束、自我管理的制度文化环境。

第三节 搭建思政育人信息平台

一、整合相关资源

高校思想政治教育的实际效果与高校思想政治教育资源的充分利用紧密相关。高校思想政治教育资源的丰富与否，以及高校对思想政治资源的开发程度、整合利用效率，都关乎高校网络思想政治教育的水平和效果。因此，为了使主题网站能够实现长期开展网络教育的目标，必须不断与其他高质量网站在资源方面和信息方面进行深入与频繁的交流，将网站的成本投入转换为实际产出，以促进其生存和发展。

（一）吸收校内资源

就当前的高校思想政治教育主体网站的信息资源来看，主要是校内资源。充分利用本校资源，这是提升网站信息内容精准设置的关键。网站管理员可以采取以下几种方法，利用校内优秀教育资源对网站进行建设。

第一，规划和开发校内资源。根据学校的教育资源具体的、实际的情况，负责教育资源建设的主管部门应该在每一年形成资源开发立项指南，明确需要开发的资源名称、资料类型以及所需要的经费，并邀请组织相关学科优秀教师进行立项。学校应该根据资源建设专家组的审核和评定结果,将资金拨付给项目开发者进行研发。项目完成资源开发后,需经过专家组的评审验收。专家组不仅需要进行中期验收,也应该在项目的开发过程中进行中期的考核,主要考核项目开发的阶段性成果,对项目的进展情况有所了解和追踪,并及时提出相应的建议与意见,对相关的人员进行指导,保证项目的如期以及顺利完成。比如,高校可以深入挖掘校园的宿舍文化资源。宿舍是学生在校生活的主要场地,它集中呈现了当代大学生课余生活的真实情况。对于高校教育者来说,从宿舍里可以获取关于当代大学生心理和思想发展状况的直接信息。鉴于此,高校可以整合校内的网络硬件资源,并设立学院责任制下的公寓网络工作室,为解决学生的实际问题,可以安排专任辅导员以及轮流值班的优秀学生,为学生群体提供网上和网下相结合的服务方式,这有利于学生思想政治工作走向网络,走进宿舍。

第二,设立一个负责整合和采集资源的部门。虽然该网站的栏目都归属于学校的不同行政部门,并且职责也有明确的分工,但仍然难以避免出现一些教育信息涉及多个部门的职责范围的情况。在这种情况下,需要有一个对网络信息进行整体协调的部门,避免出现网络信息的重复或者空缺。鉴于此,高校需要在网站上设置一个部门,专门负责处理和更新网络信息,该部门负责整理和分类各级各类行政部门提交上来的教育信息,并及时更新网站信息,将经过处理的教育信息集中更新。只有这样才能确保网站内容有清晰明了的逻辑结构。

第三,我们应该重视对教材和高质量课程的再创作和二次开发。一些学生可能会因为错过了自己喜欢的课程而感到遗憾。教师也有这样的感受,他们无法利用多种途径来拓展教学内容的深度和广度。根据这种情况,网络教育工作者可以借助主体网站这个交流的平台,补充和完善传统的教学,在网络空间上实现学生与教师"双赢"的学习效果。针对这种情况,高校可以对学生心中的精品和优秀课程进行统计与调查,选择合适的教师和专业人员对这些课程进行录像,将成果放到网上,这不仅可以调动学生的学习意愿,还能满足他们的求知欲望。此外,教师可以在网络学习的过程中,特意创设一些情境,让学生能够跳出传统教学的束缚,自由思考和勇敢质疑,从而产生独到的见解。在网络教学中,教师可以设立考察测评环节,鼓励学生及时自主地对课堂学习进行反思和总结。

(二)加强对校外资源的整合

在若干年的探索和实践中,大多数高校已经建立了完善的网络思想政治教育体系。高校网络思想政治教育者在面对庞大的校外教育资源时,往往会束手无策,无法积极扩展视野和洞察力以充分利用机遇,整合碎片化的校外资源。针对高校思政教育的特点,主题网站的校外教育资源主要分为两类,一类是校际教育资源,另一类是社会教育资源。

首先,针对校际教育资源的开发,主要是各个高校之间在网络课堂、图书馆信息、电子教材等方面进行深入的交流与合作。不同的高校在学科发展优势上有所不同,在客观条件限制方面也有所不同,因此在网络思想政治教育的资金配置上也有不同的侧重点。各高校可以联合形成网络教育联盟,通过合作最大程度地将各自特色教育资源共享和利用。各个高校之间除了在教育内容上进行合作外,还可以在教育主体方面进行丰富和多样化发展。例如,高校可以在网络教育平台上建立一个注册窗口,邀请在教育事业中身处任何学校、任何地方、任何热爱教育事业的热心人士成为注册导师,这些注册导师可以在某个领域对学生进行辅导,高校可以借助这一途径来吸纳其他院校或单位的教育资源,实现资源的共享。在实施校际教育资源开发前,高等院校需优先解决相关技术难题。教育部虽然已经出台了教育信息化技术标准,但是在标准中还有很多领域如资源库分类、发展规模等没有涉及。由于资源库建设标准的不一致,各高校主题网站很有可能无法兼容各个高校的网络教育资源。由于各个高校在技术建设上存在差异,校际资源共享可能并没有办法实现。

社会教育资源在主题网站上主要分为两类,一类是来自社会主流媒体,另一类则来自教育机构。在面对国内外错综复杂的重大事件时,学生在该阶段没有对事件进行正确辨别的能力,也缺乏较高的政治素养,因此很容易出现思想和认识上的偏差,甚至会出现过激行为。在这样的情况下,教育者应该及时引导和教育学生。社会主流媒体具备舆论导向作用,这可以为高校的网络思想政治教育提供有利的舆论环境,在潜移默化中对学生的价值观产生影响,对学生的政治思想以及社会道德规范进行改变,顺利实现思想政治教育的目标。除了提供资格考试、公务员考试等具体的考试学习资料和经验外,社会教育机构还可以成为一种成功的高校网络思想政治教育模式,也可以提供先进的教育方法和技术手段促进主题网站的教育传播。目前，社会教育资源主要以两种形式在主体网站上呈现，一是网站链接，二是信息摘抄。二者相比，第一种可以使读者轻松地找到相关网站，从而方便在网站上获取所需的信息。第二种是网络教育者将具有社会价值的新闻和评论根据自己的价值取向进行精选和改编，以便读者能够在主题网站上轻松、快捷地获取信息。根据以上两种不同的呈现形式，高校网络教育者可以根据高校的网站建设需要，基于信息内容特点的基础上选择合适的表现形式，以此在主题网站中对社会教育资源进行开发和利用。

二、加强主题网站队伍建设，提高网络互动的实效性

（一）加强对师生网络技术素养的培训

高校主题网站中的学生专栏要想实现师生之间的充分互动，就需要提高老师和学生在网络技术方面的能力与素养，并加强相关的培训。学校应该从以下几个方面加强对师生的网络素养教育，提高网络使用水平。

1. 培养崇高的信息道德

网络环境中的信息纷繁复杂，既有优质、有益的内容，也存在大量的低俗、虚假、迷信的信息。这些不良信息在网络中广泛传播，对青少年群体产生极大的负面影响，同时也给高校的思想政治教育工作带来了极大的挑战。网络管理人员在监管网络信息时，往往容易忽视这些不良信息的存在，尤其在在线互动论坛等平台上，这些信息可能被误传、误导，进一步加剧了网络环境的负面影响。

为了解决这一问题，需要提高网络教育工作者的网络信息素养，发现网络上出现的不良信息并将其删除，并对故意或无意传播这些信息的学生进行教育和干预。网络教育者应当及时通过科学数据、专家讲解等权威方式，在网站的互动栏目解释相关信息的真实情况，以减少因传递途径过长信息失真的风险，避免学生出现不明真相的误解。在面对复杂的网络信息时，学生也应该多进行思考，在看待信息的时候也应该秉承怀疑批判的态度，以此来提高自身的信息甄别能力。

2. 掌握一定的信息技术与网络语言

目前，我国高校网络思想政治教育工作者不具备专业的网络信息技术，在信息素养上较差，也没有接受专业的、系统的计算机教育和网络培训。这就导致大

学生在网络教育者身上很难看到其所推崇的人格魅力和科学文化素质。只有网络教育者实现对网站内容的良好管理，才能达成对大学生进行网络教育与管理的目的。在发达国家如英国、美国和日本，教师素养提高的一个重要方面是为教师提供信息化培训。美国已经将教师的信息化作为美国教育行动计划的重要内容之一，成为重要的组成部分。我们的高校可以学习其他国家高校的先进经验，参考他们成功建立教师队伍的经验，增加投资，通过一系列手段如演讲、书籍和电子媒体宣传等方式，定期对网络教育者进行信息化培训，让教育工作者掌握先进的网络传播技术和最新的网络语言表达方式，从而为网络教育注入更多活力。

3. 建立较为稳定的网络教育师资队伍

对于网络教师队伍的系统研究与规划问题，目前我国一些高校并没有给予过多关注。网络教育师资队伍的稳定发展主要受到两个关键因素的影响：首先，高校对于网络教育的关注程度有欠缺；其次，网络教育者的构成状况也对师资队伍的稳定性产生了一定影响。在一些高校中，兼职教师和学生是高校网站的主要工作人员。高校正在认真研究网络思想政治教育理论，考虑到诸如学生理论基础水平和教师身兼数职等因素对网络教育的影响。高校在对网络教师队伍引进、培养、建设进行方案制定的时候，应该从本校的实际情况出发，只有这样才能建立一支稳定的网络教师师资队伍。

（二）提倡网络工作和沟通方式

为了保证在高校中形成良好的网络互动，师生应该具备一定的网络信息素养，让网络沟通成为常态。网络沟通是指传受双方在网络环境中所进行的情感、观点、事件等信息的流通和传递。不管是在高校的日常教学还是在高校的管理工作中，各个部门之间以及师生之间的有效沟通都直接决定着高校各项工作的有序开展。传统的沟通途径有：传统课堂教学、纸质文档、面对面谈话等，这种方式不仅存在时间、地点等方面的限制，而且还会造成成本的浪费。最近几年，校园网络建设快速推进，许多高校已经建立了自己的校园网，这为学校的网络管理和通信提供了硬件上的支持。对此，高校主题网站的管理者可以借助校园网存在的硬件优势，建立一个局域网沟通系统。这种方法不仅能够随时与负责网站内容的各个部门保持联系并可以实现对网站信息的及时更新，还能够与学生进行一对一交流、一对多交流、多对一的互动交流。总而言之，我们可以将网上沟通与交流的方式概括为以下两种。

1. 运用网上即时通信的沟通方式

目前，在中国，大部分网民已经开始使用即时通信技术，其中腾讯公司旗下的QQ是最典型的代表。QQ是一种广泛应用且被广泛接受的即时通信工具，它不仅可用于进行一对一的私密聊天，还可以在群聊中促进用户之间的交流和网络信息的分享。因此，高校将这种即时通信方式推广给网络工作人员，一方面有利于各个部门之间的及时有效沟通，另一方面也可以提高工作效率，在各个部门的齐心协力下，为学生共同提供网络服务。

2. 运用微信的沟通方式

当前大学生群体中，拥有手机的学生数量和比例在不断增加和提高，在高校中使用微信交流已经成为一种趋势。微信作为中国移动的综合通信服务，可以为师生提供实时的语音服务、近乎实时的文字，也可以为用户提供小数据量通信服务以及非实时的通信服务。这样，师生便可以在互联网和移动网络间流畅无阻地进行沟通交流。网站管理者可以在校园网站上建立高校微信动态平台，这个平台能够提供学生所需的公共信息、各项行政管理部门的职能信息，以及各学院的信息等内容。公共信息主要指的是如上级指示、各部门的决定等校级各机关信息。职能信息主要指的是各类考试日程安排、学生学期课表、成绩查询等内容。各院系信息主要指的是各个学院的会议通知，以及党员大会通知等内容。因此，学生通过高校微信动态平台可以在第一时间获得相关信息。通过畅通的信息传播，学生可以充分感受到自身的主体地位，这也成为网络平等互动的良好群众基础。

三、加强网站推广

（一）加大对网站的宣传力度

现实已经证明，"酒香不怕巷子深"的时代已不复存在。即使一个网站链接很好，也不一定会吸引大量的点击和产生广泛的影响。现代广告学认为，具备自我推销的能力并善于运用才是确保产品被顾客认可的关键。尽管主题网站不以营利为目的，但在进行运作的时候仍需按照市场化运作模式来进行。因为主题网站建设具备独特性，因此，我们在加大校园网站宣传力度的时候可以从以下几个方面入手。

其一，需要将网站注册到重要的搜索引擎。高校思想政治教育网站在线推广的主要途径是搜索引擎，因为搜索引擎的网络导航系统是最受用户喜爱的工具，能让他们轻松查找不熟悉的网站和网络信息。访问者进入主题网站查看查询消息主要是通过搜索引擎，这将有利于提高该网站的访问量。其二，实现网络信息的互通、交换。在网页的空白位置上添加图片或字符链接，与其他思想政治类网站进行同等交换，以达到共享访客的目的，进而提高网站访问量。其三，通过传统媒体来进行推广与宣传。校园网站可以采取主动措施，针对建设需求和服务对象，定期发布宣传资料或提供如信封、文具等礼品赠品，使用户在使用物品或者在阅读宣传资料的过程中，无意识地或有意识地了解网站，在此基础上对网站产生更深层次的兴趣和认知。其四，策划吸引大学生参与的活动。为了加强高校思想政治教育工作网站在大学生中的影响力，网站可以开展一系列活动，例如知识竞赛、讲座等，以吸引更多大学生的参与和关注。

此外，可以通过网络资源的对外开放来增强网站的影响力，确保教育信息能够得到最大程度的传播与流通。随着近年的建设，大部分高校已经具备了支持网站资源共享的硬件设施与条件。我国许多高校随着自媒体平台的兴起，已纷纷开始建立和运营自己的自媒体平台。这种做法既可以及时向学校师生发布最新的消息，也可以向社会展示学校的发展状况，对外展现学校的优势，吸引更多社会资源。

因此，通过依托校园硬件系统，该网站可以向校内师生提供校园外网电子资源的登录许可账号，以在现有开放如学校机构设置、学生成绩查询、网站的实时资讯等信息基础上增加服务内容。此服务可限量提供，并且需要支付一定的费用。这将使学生在使用校外账户登录学校主题网时也能享受到学校远程教育资源的便利与优惠，从而提高该网站的社会影响力。尽管如此，主题网站在进行社会化开放的过程中可能会出现很多问题，比如校外账号大量访问出现的网站拥堵、页面打开缓慢等问题。

（二）美化网站的整体形象

作为高校网络思想政治教育信息的重要存储基地，主题网站不仅需要拥有丰富的思想政治教育资源，还需要精心打造美观的页面，进行精巧的布局，以吸引受众的注意力，这样才能推动网站教育事业的健康发展。

在设计网页时，需要考虑整体的色彩协调性和局部的对比效果。人们第一次打开网页时，最先注意到的就是网页的色彩。如果读者看到一个生气勃勃、整洁和谐的页面，那么他们极有可能会对网页产生强烈的好感。正如英国著名心理学家格列高里（Gregory）在《视觉心理学》一书中提出的观点："颜色知觉对于我们人类具有极其重要的意义——它是视觉审美的核心，深刻地影响着我们的情绪状态。"[①] 通常来说，在设计界，为了使页面风格看起来整体协调，色彩最好选取如土黄、土灰、土蓝等或者是淡蓝、淡绿、淡黄等一个色系，这样可以让人感受到和谐的美感。有时候为了凸显某一最热门信息或最新信息时，可以在网页的局部区域运用强烈的色彩对比来进行突出，通过视觉上的反差来吸引用户的目光，让他们更加关注这一信息。

此外，栏目名称应当响亮，也要容易被人记住。大学生对栏目名称的感知会直接影响他们是否会选择进入该栏目，探索相关资讯。如果栏目名称容易记忆，那么大学生更有可能再次访问该栏目。目前虽然主题网站的内容设置相差不大，但是很多网站的栏目标题都能够凸显该学校的独有特色。

第四节 加强各方力量的监督与管理

我国的网络化进程在最近的几年里正在快速推进。随着网络时代的到来，我们见证了生活方式、思维方式和社会行为的明显转变，网络不仅对于高校思想政治教育产生了深刻的影响，还深刻影响着当代大学生的健康成长。网络不断扩展和延伸，并且在校园中扮演着综合信息中心的角色与地位，这使网络效应的正面影响和负面影响都变得更加显著。在大学生的生活中，网络扮演着越来越重要的角色，不仅能够为学生提供知识和信息，还可以作为表达感情与思想的宝贵工具。此外，网络上存在大量无用信息，这对现代大学生的健康和全面发展构成了威胁。网络的兴起既有利于加速人类文明成果的传播和交流，也有助于推动世界文化的

---

① 格列高里. 视觉心理学 [M]. 彭聃龄，杨旻，译. 北京：北京师范大学出版社，1986：106.

创新发展。这些涌现的新兴文化为高校思政教育注入了更加丰富的内容，丰富了高校思政教育的文化内涵，也为高校思政教育创造了一种崭新的文化氛围。然而，网络的出现具有双面性，也有弊端，其带来了新的文化冲突，产生了新的社会矛盾。近年来，一部分大学生失去了分辨和处理垃圾、低俗信息的能力。这些大学生逐渐形成了对网络的依赖，长时间地沉溺在虚拟世界中，缺乏对现实社会的道德规范和理想价值观的关注，并缺乏社会责任感。因此，高校需要创造性地对网络思想教育的管理机制进行完善与创新。

一、规范上网场所管理

在我国的互联网使用者中，有许多年轻人，他们正在接受高等教育，这些年轻人是国家前途的希望，关乎民族的未来。如今，信息技术高速发展，社会信息化也随之不断加深，在当前全球各地思想文化相互碰撞的背景下，我们需要引导大学生对人类文明的卓越成果进行积极学习和汲取，对各种落后思想进行辨别和抵制，使大学生成长为社会主义先进文化的传承者和弘扬者。这个问题不仅是教育领域的问题，也是国家应该关注的问题。

（一）加强法规建设

我国对上述问题高度重视，并且先后制定了《中华人民共和国计算机网络信息管理暂行办法》《中国多媒体通信管理办法》《互联网电子公告服务管理规定》《互联网站从事登载新闻业务管理暂行规定》等法律法规，但总体而言，当前制定和出台的法律法规、办法并不能涵盖所有问题，不够全面和系统。针对网络权利的确认及判断链接侵权的问题，尚无法得到妥善解决，因此需要尽早制定与完善相关的法律法规。

（二）加强网络线上管理

随着智能手机的普及，互联网的重要性也日益凸显。网民受到时空限制的程度进一步减少，通过使用智能手机，人们可以随时随地访问互联网，获取各种信息和服务。这种便捷性使互联网成为人们生活中不可或缺的一部分。无论是工作、学习还是娱乐，人们都离不开互联网的支持。因此，智能手机的普及进一步增强了互联网的重要性，让人们更加依赖互联网。然而，管理制度的不完善导致互联网上的色情信息、非法信息和不良信息频繁出现,这给未成年人的健康成长带来了严重影响。国务院 2011 年发布了《互联网信息服务管理办法》,严禁互联网上网服务营业场所经营者和上网用户利用互联网上网服务营业场所制作、复制、查阅、发布、传播散布谣言,扰乱社会秩序,破坏社会稳定,散布淫秽、色情、赌博、暴力、凶杀、恐怖或者教唆犯罪的有害信息。尽管《互联网信息服务管理办法》已经颁布,防护工作仍需要持之以恒地推进。这是因为互联网信息的安全不仅关乎个人隐私,还涉及国家安全和社会稳定。因此,我们需要时刻保持警惕,不断加强技术研发和人才培养,提高网络安全防护能力。同时,也需要加强法律法规的宣传和执行,让更多的人了解网络安全的重要性,共同维护一个安全、健康的网络环境。

(三)建立规范的校内上网场所

为了更有效地管理大学生的上网行为,各高校应根据自身的硬件优势,积极建立校内上网场所,对相关的规章制度进行制定,例如《大学生上网规定》和《校园网络文明公约》等。这些规定应该明确规定大学生上网时间、上网地点以及上网活动内容等方面的行为准则。此外,应该加强网络法治宣传,提升监管效力,利用科技手段,防范黄色以及落后迷信等内容。高校需要创建一套全面的、系统的网络监督体系,积极对大学生进行引导,使其遵守网络行为规则,以掌控自己的网络活动,这样才能促进高校形成健康、明确的网络环境。

二、加强网络资源管理,采取技术手段筛选和管理

(一)加强校园网络的 IP 路由信息和访问范围的控制管理

高校主要采用的是 TCP/IP 网络协议,高校可以通过在路由器中添加特殊命令来对用户访问外部网络进行限制,为了对信息进行过滤和筛选,还可以建立防火墙。防火墙是一种软硬件系统,旨在保护可信网络(如校园内部网)免受不可信网络(如外部网)的攻击。为了达到这个目的,高校应在可信网络和不可信网络之间,也就是校园内部网与外部网之间建立一个保护层,并确保所有链接和访问在该层进行检查和验证。使用防火墙可以确保不受授权的 IP 地址无法链接到网络,同时也能够创建跟踪工具,对试图或正在进行的链接进行记录和总结。只有

被授权的链接才能成功地访问校园网,这既有利于校园内部网络资源的保护,使其免受非法入侵,也能够防止校园网络中出现来自外部的不良信息。防火墙不仅可以对安全策略进行强化,还能对互联网上的活动进行记录,它是一个非常有效的外部信息检查站。

(二)要对校园网络的内容严格把关

校园网可以根据网络类型的不同划分为教学子网、办公子网、宿舍子网等。作为网络管理员不仅需要对校园网络的布线结构有所了解,而且还应该明确和熟悉网络系统结构和参数配置,需要对每个网络交换机的每个端口进行详细对应配置,例如明确端口对应的是哪一个教室、办公室、用户或者是端口级联到哪一级交换机等。此外,管理员还应严格备份系统参数,以便在出现问题时可以及时反映并找到责任人。

(三)严格网络难点管理

为了有效开展高校网络思想政治教育工作,需要针对骨干网、局域网、校园网等难点区域加强管理,这是实现高校网络思想政治教育工作的关键之一。高校应该最大限度地利用当前可用的网络监控管理技术,建立一个信息出入校园网的严格过滤系统,防止有害信息的泛滥,同时清理网络垃圾,净化网络空间。此外,应该严格审查免费主页及链接,积极落实实名制注册登记。同时,为了防止不良信息进入校园网,要从源头上要采取必要的技术手段、行政手段和法律手段。此外,需要将管理和教育有机地结合起来,让自律与他律相辅相成,相互结合。我们需要采用各种手段,加强大学生网络法律意识、安全意识、责任意识、自律意识和政治意识,让学生养成健全人格与高尚情操,进而具备良好的网络道德,自觉地筑起防护墙,抵御不良信息的冲击。

三、立法与制度并举,构建网络系统管理制度体系

(一)加强网络与信息安全立法工作

当前,我们迫切需要加强网络立法工作,规范互联网秩序。在网络立法方面,我国已经取得了初步成果,取得了一些进展。在1997年12月11日,中华人民共和国国务院批准了《计算机信息网络国际联网安全保护管理办法》,该办法在

12月16日由公安部（第33号令）发布，在1997年12月30日实施，该办法的主要目的在于为保护计算机信息网络国际联网而制定的一种管理办法。1994年2月18日，我国发布了《中华人民共和国计算机信息系统安全保护条例》，并在2011年1月8日《国务院关于废止和修改部分行政法规的决定》中进行了修订，该条例是行政法规，该条例的主要目的在于保护计算机的系统安全，以此来保证计算机的应用和促进计算机的发展，进而保证社会主义现代化建设的顺利推进。2023年，最新修订版的《中华人民共和国计算机信息系统安全保护条例》得以实施。在打击计算机犯罪、保护信息安全方面，《中华人民共和国刑法》和其他有关法律文本中也有相应的条款。制定和实施计算机和网络安全法规有利于规范网络行为，也有利于保护网络用户的权益，并且在保护未成年人免受非法和有害信息的侵害方面有着重要的作用。只有确立更为完备的网络立法，同时，对商业网站和网吧管理制度进行建立健全，才能实现对商业经营者的行为有效规范，对不法行为进行打击，这有利于为大学生营造一个健康成长的社会环境。

（二）建立健全校园网络与信息安全管理制度

高校应该从自身的实际出发，按照国家的有关法规，科学合理地制定校园网络以及信息安全管理制度。它的要点包括：规划和设计校园网络系统、制定和执行硬件管理制度、分配校园网络各级管理员的职责、建设和培训校园网络管理团队、实施信息发布和监控制度、监督和管理教师和学生的网络行为、师生自主建立门户网站管理与监控制度、建设网络系统管理制度、完善信息安全监控的激励机制等。要想实现校园网络的正常运转，就需要建立完善的、科学的、完备的网络系统管理制度，建立科学的信息安全监控制度，只有这样才能为高校师生提供服务。

（三）健全其他特殊管理制度

与一般商业网站相比，校园网有所不同，校园网用户主体为在校学生。为维护校园生活及教学秩序，必须建立并健全各项管理规定与制度，例如网络管理制度、监督检查制度等。此外，校园网还需要适当限制学生上网的时间，监管学生上网行为，进而实现对网络加强管理。

四、打防并举，构建网络信息安全监控体系

（一）建立健全网络信息安全管理责任机制

信息安全保障工作是一项长期任务，是与信息化建设和发展全局密不可分的工作。对高校而言，必须高度重视这项工作，并采取切实有效的措施加强对信息安全保障工作的领导。高校在推进教育信息化的进程中，需要同时重视两方面的工作：一方面是教育信息化的发展，另一方面是教育信息安全的保障工作。为此，高校应该建立完善的信息安全管理体制，对主管领导以及责任部门进行明确，并确定具体职责和相关人员，确保各个部门有明确的分工和责任，不断加强信息安全工作的持续发展。对网络信息安全管理监控机制进行健全，为了对协调机制进行完善，高校中的各个部门应该加强配合，对有关情况进行及时沟通，对网上的违法犯罪行为进行有针对性的打击，对有害的信息进行清除，以此来形成齐抓共管的合力。高等院校需确立有效的部门协调配合的工作机制、各负其责的监管机制、网上监控和举报受理工作机制、群众广泛参与的监督机制，以根除传播淫秽色情等有害网络信息的根源，消除淫秽色情网站的存活空间。

（二）建立网络信息安全的物质保障机制

高校必须投入足够的基本开支来确保网络设施的安全运行和维护。特别是应该增加对信息安全基础性工作所需的基本设备的支持，以及对信息安全保障体系关键技术和设备的资金投入。在每年的经费预算中，应将信息安全专项经费作为重要考量加入其中。

（三）建立起相应的网络监控机制

对于网络信息，高校应该进行筛选和分析，对学生的思想动态进行及时的了解，对于信息中错误的、非法的信息应该进行过滤，将消极影响的产生概率降到最低。

（四）坚持技术监控和人员监控并重机制

在构建技术监控和人员监控并重机制时，需要从以下两个方面进行考量。首先是制定监控标准，对监控的对象与范围进行确定，这是前提条件；其次是技术

监控与人员监控相结合。高校网络思想政治教育应加强对监控技术的应用力度，并且应该加速开发与高校网络思想政治教育相适应的监控软件。除了确保技术监控工作的有效性外，我们也需要加强对人员的监控。只有这样，才能实现二者相互补充，彼此增益。确保人员监控有效，需要设置专门负责网络思想政治教育的监控员，并对其进行明确的职责分工和责任追究制。此外，应该在思想政治教育网站或主页上设立监督窗口，让广大网民参与监督。

（五）加大对网络违法犯罪活动的打击力度

高校应积极与公安机关以及其他执法部门合作，共同净化网络环境。此外，还应加强对学生的思想政治教育，加强对大学生的行为管理，以完善相关工作。高校对从事网络违法活动的学生，需要进行严肃的批评教育；而对有犯罪行为的学生，应移交给公安机关依法处理。公安机关需要及时获取和掌握利用互联网来进行违法犯罪活动（淫秽色情、赌博诈骗等）的线索，并在法律允许的范围内采取严厉措施打击这些违法犯罪行为。

第五章　高校思政育人课程的实践与创新

随着高校思政教育的不断发展，高校思政育人课程也在不断实践与创新，本章主要从三个方面对其展开叙述，分别是课程思政育人，新媒体与思政课程的融合，传统文化与思政课程的融合。

第一节　课程思政育人

一、课程思政育人体系构建理念

（一）强化价值引领

当前，我们的生活状态和交往方式因为科技创新以及经济全球化互动产生了深刻的变化，与此同时，价值引领所带来的感召和激励作用也极为强大。充分发挥社会主义核心价值观的价值引领作用，不仅可以成为我们应对多元思潮冲击的重要武器，更可以在维护我国主流意识形态的稳定性方面发挥重要作用。我国越来越多的公民在社会主义核心价值观的共建共享下形成了"中国信念"，具备深厚的爱国主义情怀。在一个群体内部，只有具备强大的价值导向吸引力，才能让主体的角色意识得到强化，才能对责任边界进行明确，进而使群体的自信心与凝聚力得到增强。与其他社会、自然科学相比，思想政治教育有其自身的学科特质，就其实质来说，主要是在思想、观念以及精神层面对公民产生影响和进行改造的一种哲学社会科学，为实现知识内化和行为外化的双重统一。我们在思想政治教育工作开展的过程中，应该明确价值引领的重要性。为了创建一个全面的高校思想政治教育体系，必须确立一种主体应该共同遵守的价值原则和导向，以"立德树人"为贯穿主线,在教育教学过程中明确正确的方向。着眼于学生与教师这两个核心群体,强化教育主体对自身身份的认同,建立情感沟通渠道,激发主体育人力量,并确保最终形成的思政育人体系是规范的,保证最终形成的思政育人体系朝着正确的方向迈进。

(二)挖掘资源功能

思想政治教育是一个复杂的有机系统,并非一种存在于课堂内的活动,它不单单由几个孤立的点组成,也不只是高校或专职思想政治理论课教师的任务。思想政治教育是一个有机系统,主要由多种因素的教育资源联合参与其中,并产生作用。马克思主义的系统观强调,在对事物进行了解、处理和改变时,需要采用全面、立体的视角来看待,而非线性思维。我们应当重视事物的各个方面,并遵循它们的层次性,在对层次数量、层次顺序进行分析的基础上明确层次对整体功能的约束与限制。高校在构建全方面的思政育人体系过程中,应该积极调动每个子系统的育人功能,让这些子系统对思想政治教育发力,从各个角度对思政育人资源进行深入评估与整理,拓宽思政教育的方式与渠道。此外,还可以将高校思政育人工作的资源选择空间进行不断拓宽,提供更多的创新教育平台和手段。这样,我们才能够最大限度地提高育人资源的价值和实际效能。在共建的过程中,我们还需加强协同,在不断增强高校思政育人体系可操作性的同时,促进其实际效果的最大化。

(三)坚持协同联动

当各要素单独存在时,它们具有独特的内在含义,称为"质"。但是,当这些要素通过某种联系相互结合成为一个整体时,它们的个体"质"就会融合为全新的"质",新"质"的价值大于原先的"质"。要实现思想政治教育的真正价值,其本质措施在于建立一套完整的体系。高校全方位思政育人体系在明确价值诉求和导向一致的基础上,首先需要对各子系统之间的工作机理和内在联系进行优化和明确,在对各个部门与各个机构之间的资源互通共享的基础上,进行信息的交流与互动,只有这样才能实现高校全方位思政育人体系的最大功能,发挥整体优势,在此基础上,才能推动高校全方位思政育人体系的健康运行。因此,除了在顶层计划中规划、分工构建齐抓共管管理格局外,还需要统一领导,避免各项教育资源之间的重叠和内部损耗。为了实现人力和物力的合理分配，需要通过以下几个方面来完善保障机制，比如学科支撑、制度建设和教师队伍建设，从而促进各种育人资源之间的协调发展，并使其在纵向持续延伸的同时发挥最大作用。此外，在强化内生动力的前提下，加强高校全方位思政育人体系的反馈调节机制，确保从动机激励、过程监督、结果评价等方面强化内在动力的建设，提升整个体系的内在吸引力，进而推动体系不断更新与升级。只有通过这种方式，才能在协同联动中促进各机构和要素不再分割为独立的部分，而是实现一体化建设，从而推动全方位思政育人体系朝着可持续的方向发展。

二、课程思政育人体系的价值导向

（一）坚持立德树人

1. 立德树人是社会主义高校的立身之本

多年来，高等教育机构一直不断向社会输送人才。在中国共产党的领导下，中国特色社会主义高校以马克思主义理论为指导，成立并不断发展。加强对中国共产党的认同，是确保全国各族人民齐心协力实现中华民族伟大复兴的关键所在。在具体的工作实践中，要将人才培养的核心牢牢把握，铭记党的教育方针，落实党的教育政策，面向广大学生，要坚持立德树人，加强马克思主义理论教育，采取主动的舆论引导措施，以提高大学生对理论的认知和认同，并树立科学的马克思主义信仰。这不仅与大学生的健康成长和全面发展息息相关，更与党和国家的发展和前途息息相关。需要提高学生对中国共产党的信仰和价值观的认同。中国共产党是以共产主义远大理想和中国特色社会主义共同理念为基础的马克思主义政党。为了让大学生更好地认同中国共产党的理想信仰，我们需要将中国共产党人的信仰观念转化为大学生个人的信仰观念。这就意味着大学生需要接受科学的马克思主义信仰，只有这样，大学生才能积极投身于中华民族伟大复兴，并为实现共产主义远大理想而不懈努力。

2. 围绕立德树人构建全方位思政育人体系

立德树人的目的不仅在于培养学生的德行，更重要的是通过塑造人来实现人的本质回归，即让人从依赖于物质的状态转向自由个性的状态，这与思想政治教育工作是一致的，这需要在三个方面深入落实：一是理论精神层面，具体包含三个方面的方法与途径，即校园文化、教学课程、审美艺术；二是制度法规层面，具体包含三个方面，即相关法律规范、规章制度机制及管理服务；三是实践活动层面，具体包含三种方法与途径，即礼仪规范、整体合力、实践活动。以上这些内容与高校全方位思政育人体系的创建息息相关，有着严密的契合性。因此，高校应在立德树人的价值导向下，全面构建思想政治育人体系。

（二）以立德为根本，坚持德育先行

1.铸牢理想信念

坚持德育先行的原则，我们必须以立德为基础，首要任务是立大德，培养高尚的品德和理想信念，确保其坚不可摧。立大德主要指的是要打造大学生坚定的理想信念品德。大学生是社会主义事业建设的后备力量和生力军，为了更好地发展，他们需要具备崇高的道德水平与修养。当前国内外各种思潮涌动，在这种情况下，一些不法分子试图破坏民族团结，以质疑马克思主义理论的科学性和社会主义制度的优越性来分化我国。大学生的求知欲望强烈，并且正处于形成价值观和信仰体系的关键阶段。信息泛滥的互联网环境给他们的信仰和民族自信的塑造带来了一定挑战和影响。若大学生没有形成恰当的理念和行为准则，他们很可能会受到外界诱惑的侵蚀，在成长过程中受到消极影响。因此，在创建高校全方位思政育人体系工作时，必须将立大德作为核心目标和根本要求，特别注重学生理想信念的塑造，引导他们热爱祖国，拥护中国共产党，践行实现国家富强的使命。

2.严守社会公德

坚持立德为根本，坚持德育先行的原则，而后要求立公德，严守社会公德。社会公德是一种约定俗成的无形规则，可以有效调节人与人之间的利益冲突和矛盾，有助于营造良好的社会氛围。作为社会主义建设事业的主要后备力量，大学生代表着高层次人才群体的整体形象。在大学校园这个"小社会"环境中，要不断促进大学生养成良好的公德习惯，这有利于他们更好地适应社会规范。此外，在此基础上，他们还能够以模范带头的方式，推动整个社会文明风尚的形成。目前的状况显示，校园内有时会发生失德失信的行为，甚至出现一些违背社会公德的行为，这些不良的行为有在群体中蔓延的趋势。学生的社会公德整体水平需要进一步提高，在实际中会出现以下违背社会道德的行为，包括但不限于未按时偿还助学贷款、损坏教室公共环境、拒绝参加集体活动、缺乏集体荣誉感等。因此，在高校全方位思政育人体系的创建中，要重视社会道德的渗透，积极对当代大学生进行引导，让他们严格遵守社会公德，并在高校中培养和锻造他们的社会责任感和感恩精神，进而使他们能够积极主动地承担当代大学生的社会责任。这不仅可以成为塑造良好社会风气的典范，还可发挥其应有的价值。

3. 培养高洁品质

以立德为根本，坚持德育先行的原则，且要求立私德，培养高洁品质。在高校全方位思政育人体系创建工作中，培养高洁的个人品质是其价值追求，也是一项重要的工作任务。德育工作不应出现任何遗漏，不应出现任何一个环节的缺失，大学生的整体评价与衡量标准在实际教学实践活动中也应遵循此原则。高校应该将思想认识纳入人才评价之中，尤其是将个人道德的呈现事件与变化作为一种重要评价因素，不应该将其当作衡量学生的唯一硬性标准。

（三）以立德树人为核心，培养时代新人

1. 培养有实践能力的人

在大学思想政治教育过程中，应该对大学生的实践能力进行提高和强化，在潜移默化中影响他们的思想观念，这就需要落实到实践领域，即转化为具体助推社会发展的行动。高校原有的人才培养目标为"德、智、体、美"，高校思政的育人工作应该在此基础上增加"劳"，这一做法充分展现出我们党对培养符合时代要求的新人在实践上的追求与要求。在革命年代，有那些英勇献身、舍身成全革命事业的人；在建设时期，有一些勤勉工作、一丝不苟的建设者；在新时代，也需要敢于挑战、勇于奋斗、不达目的誓不罢休的新一代人，为推进社会主义事业不断贡献力量。在培养学生的能力方面，实践活动尤为重要。实践活动不仅能够帮助学生将书本知识转化为实际应用能力，同时也能够对其道德行为产生积极的影响，有助于改善其行为准则。通过将理论知识应用于具体实践问题的解决中，学生可以提升自己的素质水平并获得自我成长。

2. 培养有世界眼光的人

在一定程度上，我国社会主义建设事业受到了经济全球化形势的影响。我国自改革开放以来，一直坚持并发展"走出去"的战略思想；自 2018 年起，《中华人民共和国宪法修正案》已将"推动构建人类命运共同体"写入宪法序言，表明要对大国合理关切，并借助本国的发展促进全球各国的共同进步。在 2023 年 2 月 23 日，全球化智库（CCG）于北京召开了主题为"2023 全球经济与中国企业海外投资——机遇与挑战"的研讨会。会议的目标在于对全球经济的发展趋势进行深入了解以及分析中国企业在海外投资中面临的机遇和挑战。显然，中国特色社会主义的建设和国际形势、全球发展之间存在十分密切的关系，这一点可以从各种迹象中看出来。高校全面推进思政教育首先要考虑提升学生的全球视野，并且还需要将增强大学生的战略敏感性作为一个重要目标。通过正确引导和教育，帮助学生正确地、客观地、理性地看待世界的发展趋势，理性评估各种因素，让大学生可以找到可持续发展的空间和切入点，为国家繁荣富强做出贡献。

3. 培养有创新能力的人

社会进步的推动力量在于创新，大学生一方面是我国高等教育的培养对象，另一方面是社会建设的积极与活跃力量。对于大学生而言，拥有创新能力是至关重要的，因为只有通过创新，才能深入挖掘科学的本质，为社会进步注入生命力与活力。高校思政育人工作的重要任务之一是渗透教育，以激发大学生的创新思维和观念，并将他们培养成为具有创新精神的新时代人才，这可以使大学生成为社会发展源源不断的生力军。现代大学生需要勇敢地怀疑和批判，走在时代前沿，摆脱思想束缚，以获得创新性和突破性的进展。为了让大学生具备创新能力，在高校思政育人体系的创建过程中，我们需要用创新思维引导大学生，不断革新教育理念，改革教学机制及教学方法，并学习新的技术手段，只有这样才能为思政教育注入新的元素，让大学生在潜移默化中得到思想的熏陶，同时也要让大学生在积极参与与"双创"相关的活动中养成打破陈规、勇于创新的意志品质。

三、课程思政育人体系的保障机制

（一）规范工作规划，严格育人制度建设

制度对高校育人工作有着重要的作用，华中科技大学在"党旗领航工程"中就对此进行了强调，并且从以下三个方面入手，即顶层设计、社区育人、条件保

障，制定并出台了《贯彻落实"做六有学生"的实施计划》等指导性文件，主要目的在于为高校的育人工作进行明确的指导。基于教育部的相关文件精神，复旦大学侧重于深化改革育人体系。通过审视在育人体系中不同主体（学生、教师、管理人员等）的角色和责任，明确任务要求，采取更有力的手段来推行现有的规定，进一步发展和推广基层育人模式，以提高教育品质和育人质量。在高校思政育人工作的开展中，完善的制度体系是重要的执行依据和重要的参考，有利于对制度进行规范，这也是全方位思政育人体系有效运行的重要手段，这也成为对体系规则、模式、发展趋势和走向进行控制和约束的重要有效手段。将育人工作制度化，是为了保障主体的根本权益并推动其主观能动性的发挥，而不是要限制他们的思想和行为。严格建设高校思政育人制度，对知识体系的推动有着积极作用，在主体关系以及资源分配上也有利于规范化和透明化发展，这有利于激发育人主体的热情，进而保护育人主体的积极性和劳动成果。

在建设"课程思政"协同思政课程全方位育人体系制度中，第一，高校需要对党中央、国务院和教育部下发的相关政策文件在结合历史经验和传统的情况下进行正确的解读与理解。第二，秉承分层原则，高校应该根据自身的情况、各部门、各院系的具体情况以及教学需求，明确和规范各个教学部门与管理机构的职责，明确工作的目标与任务，坚持自律与他律相结合，坚持外部约束和内部约束相结合，这可以为高校思想政治教育工作的有效开展和顺利推进提供明确的依据。第三，秉承分众原则。也就是说，根据育人主体的不同需要，在不同育人资源的特点中把握育人着力点，在实践案例的研究与分析基础上建立相应的配套等级标准。第四，我们应该注重突出重点和弥补不足，以此为基础深化绩效审核并简化申报程序，同时，致力于解决高校发展不平衡的问题，从而促进高校教育治理能力朝着现代化的方向发展。

（二）坚持改革创新，加强育人理论研究

科学理论是基于实践经验的理性总结和升华，它具有学科逻辑，蕴含着学科思维，并成为实践中的重要指南，它在实践中有着巨大的指导作用。尽管理论为实践提供了理论基础和来源，但实践本身一直处于不断的发展、演变和变化之中，这使科学严谨的理论必须不断地重新正确认识、不断革新实践。为提升思政育人

水平，东华大学开展了德育研究提升工程，重点关注思政教育过程中的如课程内容、考核方式、教学方法等难点和重点。该工程成立了专门的研究团队，旨在为一体化思政育人提供理论支持。建立全方位的思政育人体系需要坚实的理论基础，不断深入研究思政教育理论，在此基础上才能促进育人理论的不断更新与发展。第一，需要引导高校师生积极参与思政育人理论方面的研究。这包括对先前研究成果的学习和对最新研究成果的探究，以及以理论知识为武器，充分提升知识储备，摆脱经验本位的工作方式，为全面开展思政育人教学工作做好准备。第二，高校应该建立一个思政工作创新及理论研究中心。要持续推进改革创新，促进育人理论研究水平的提升。该研究中心可以成为思政育人理论的教师交流中心，为思政集体备课打造一个平台，对相关的理论知识，比如党的建设、意识形态工作、思政教育等进行研究，对相关的实践运行情况进行全面的探索。通过在实践中应用所学和接触到的理论知识，并检查验证普遍理论的适用性，理性整理个别经验，进而形成普遍理论。这种方法主要将科学理论知识和实践教学经验进行紧密结合。

（三）加强师德师风，优化教师队伍配置

复旦大学在校党委的领导下，开展了名为"强师行动计划"的活动，成功创建了"三关心一引领"的模式，并通过全方位的措施，有效地提升了教师的理论教学能力。除此之外，在衡量新时代优秀教师育人队伍的标准中，将师德师风纳入其中，以全国优秀共产党员钟扬同志为学习典范和楷模，通过宣传教育活动，引导本校教职工在教育和服务中，不断巩固与加深学术知识，提升综合素质和道德修养。南开大学建立了教师成长平台，成立教师发展协会，在对教师队伍进行优化的时候主要从人员机构配置及思想理论水平等层面入手，并且积极鼓励青年教师积极参与各种项目，如"择优资助计划"、创新示范团队等，这为教师的自身成长与发展提供了助力。在全面思政育人体系中，打造一支有力的思政育人教师队伍至关重要。其中，提升教师的道德自觉是十分关键的，因为教师的道德素养程度会直接影响到他们在工作中的积极性和主动性。需要对全体教师进行思想宣传教育，关注教师的思想变化，引导和监督教师履行职责，执行学校相关的教学制度，贯彻党的政策和方针，让教师保持良好的思想状况和正确的行为方式，让教师成为学生的榜样，并通过行为实践的教学来教育学生。高校应该大力培养和选拔思想政治教育的专门人才,在此基础上建立起一支具备职业化和专业化的教师队伍。积极鼓励和引导教师参与和学习先进地区、国家的最新知识体系,学习先进的实践经验。召集教师参加关于思政育人的座谈会,以促进彼此之间的交流和共享,在活动中展示和分享实践教学的成果,让大家互相学习和共同提高。高校在学校开展讲座,邀请思政育人领域的专家,评选"优秀示范课""思政精品课",并将其分享到线上,让更多人受益。此外,着重选拔核心教师,精心安排教学队伍,优化教师配置。要保证高校思政工作的开展,需要按照一定比例配置专职思政工作人员和党务人员,其比例应不低于1%;同时,专职辅导员岗位的比例也应不低于1%;心理咨询教师的比例应不低于五千分之一。这些措施在优化高校教师配置的同时,可以保证思政工作的开展。

(四)打造协同育人机制,形成育人合力

清华大学创建了一体化德育体系,融合"7C"特色,并设立了青少年德育研究中心。清华大学对各个学习阶段的道德教育联动发展非常注重,同时积极推进大中小德育的融合,传承校风校训深入附中和附小。此外,需要对家庭、学校和社区在培养道德方面的作用进行深入探究,并结合现有经验和理论,充分发挥它们对德育工作的贡献和影响。大学生的思想道德品质并非短时间内就能形成,而是通过长期的基础教育、家庭生活以及与社会环境的交互作用逐步塑造的。高校思政育人工作作为一种重要的中间环节,紧密联系着基础教育和社会发展的需要。在推行立德树人的整体理念下,根据学生的学习与成长规律和接受知识能力、教育规律,对思想政治教育的目标、手段和内容进行规划和整合。同时,将中、小学思政大纲作为前提,对中小学思政教育工作的断层进行弥补与消除,并就基础常识—人际关系—发展素质进行逐步拓展。为了培养符合社会需求的建设者,我们必须根据社会的实际需求来培养具备相应能力的大学生。建立起家校联动的工作机制,利用即时通信应用及其他方式与家长联系,增强家长对家庭教育环境的重视,要求他们在言行举止上进行自我规范。此外,需要与当地的社会组织合作,以不同方式加强互联互通,牵头的党委、政府要全力推动学校与社会组织、企业的互动。同时,需要依靠社会资源,加强思政教育与日常生活之间的联系,为创建良好的社会育人氛围打下基础。

四、课程思政育人体系的反馈机制

（一）全方位思政育人体系的激励办法

激励机制是从人的需求出发，采用一些措施来提高个体在追求既定目标时的动力和积极性，以提高其主观意愿的程度，从而促使他们产生积极行为的一种重要方式，这有利于潜能的加速释放并提高工作效率。为了促进教学改革和实现顶层设计，贵州财经大学采用了"5+1"模式作为激励机制，相应地为不同级别的教师制定了不同的薪酬标准。这种激励机制有利于提高教师的积极性和主动性，有利于增加教改成果，有利于达成优良率高的格局。在高校的全方位思政育人体系中应该对激励办法进行改进。第一，应该加强对育人主体的多重需要激励。思想政治教育工作并非一种功利性的社会活动，其最终的目的并非获得经济效益以及物质利益。对此，在激励的过程中，也应该从精神需求与物质激励两个方面入手，对主体进行思想与人格上的引导，让主体在受限自身价值的过程中，在能力突破的基础上产生自豪感与成就感、获得满足感。第二，对激励的方式与方法进行创新，时代环境和人的思想观念都是不断变化和发展的，因此，在使用激励办法的时候应该与时代的发展与人的思想相适应。在不断适应中寻求超越，在继承传统（榜样示范、物质奖惩）中不断发展，积极发展与创新激励因素，如实践锻炼、情感体验等，并将其生动形象地呈现在网络新媒体上，从而提升激励的效果和水平。

（二）加强对思政教育教学质量的检查监督

在实践中，要确保思政育人工作得到有效实施和落地，仅依靠育人主体的自我约束是不够的，还需要监督和反馈工作实施过程。要积极发挥纪检监察机关的监督作用，加大制度的执行力度，只有这样才能保证思政育人工作的稳定常态发展。在构建高校全方位思政育人体系中，应该对高校思政教育教学质量进行监督。第一，对高校思政育人工作而言，要强化监管责任体系。要明确各个主管部门在整个链条中的每一个环节上所负责任的具体内容，包括中央、地方、高校、院系和组织部门。只有明确划分职责范围，才能确保在职责未履行的情况下，能够及时检举和提醒相应负责人。第二，需要将校内和校外的监督资源合并，让监督机制朝着常规化的方向发展。所谓的校内监督主要指的是高校应该建立完善的自我监督体系，并且成立专门的思政育人监督部门，在此基础上制定完善的思政育人工作质量检查制度，健全监督工作制度。高校应该在学年初就将学校所制定的年度思政育人工作制度下发到各个部门，在学年后，对制度的完成与执行情况进行检查，并在此基础上进行纠正。此外，还需要在学年中进行不定期的抽查，只有这样才能保证高校的全体教职工重视思政育人工作。所谓的校外监督主要指的是由高校所在地的纪委来对教学外部进行的监督，主要目的在于激发高校履行思政育人职责的积极性，增强主动性。

（三）建立思政育人效果的科学评价体系

通过评估和总结系统的执行过程和执行结果，科学的评价机制可以为系统提供积极的反馈，从而制定改进策略和改进方法，促进系统的不断升级和完善，推动系统朝着健康可持续的方向运转。中国人民大学设计并实施了以学生成长为主轴的课外综合管理评价系统，用以培养本科人才。北京林业大学强化评价激励机制，主要通过落实"青蓝计划"来实现，从三个方面对思政育人进行综合考量与分析，分别是育人过程、质量效果和学生的获得感，这有利于提高教职工的人才培养能力。对思政育人体系的实施效果进行具体评判的必要条件之一就是对思想政治教育工作目标的实现程度进行正确和客观的看待。要建立一个全面有效的育人体系，必须通过展示和反馈评价结果，对体系中存在的不足进行了解，并加以改进。针对高校全方位思政育人体系，从受体对象的角度来看，可以对评价体系进行如下分类。

第一，学生学习效果的评价。改变以往错误的评价导向，不再把定量考试成绩作为衡量学生能力的唯一标准。评价方法要创新，不仅要关注学生的静态考试成绩，还应该对学生在成长阶段的动态变化进行考量，将这二者结合，将课程成绩作为核心，重点在于非认知领域，同时辅以调查研讨、时间观察、专题作业等多种方式，实现对学生的全面、客观评价。拓展评价内容，在理论知识的基础上辅以开放性的实践应用，实现二者的结合，并引导学生启发联想，而非生搬硬套或死记硬背。这样有助于促进学生学习方式从被动认知变为主动认同、从他律转变为自律。

第二，对教师教学效果的评价。在进行院系评价时，需要明确具体的量化指标，以减少主观因素的影响，增强评价的客观性、科学性。还要发挥学生的主动性和能动性，动员学生的主体性力量，高校可以将每个班级视为一个单位，让学生成为评价主体，将教职工作为评价对象，在此基础上进行评价。为确保评价结果的公正和公平，在进行评价活动的时候，学校可以采用匿名投票和网络投票的方式进行，并将两种结果进行对比，从而更加客观地获得最终的评价结果。

五、课程思政育人的最佳时间点

协同教育的效果最好，需要保持"同频共振"。为实现此目标，可以利用教育的关键时间点和时机，如重要节日、学生发展的重要阶段、纪念日、社会热点事件发生和思政课教材讲授顺序等时机，在这些最佳的时间点精心安排主要的教育活动和场所，以便达到主渠道、主阵地的协同育人目的，从而将协同效力发挥到最大化。在庆祝重大节日、纪念日时，我们应该利用教学大纲，对学生进行思政课教学，包括向他们讲解历史知识和解读现实意义。比如，举行七一庆典以庆祝党的生日，可以向学生讲述与回顾我们党的光辉历程，并组织红歌比赛等活动。在十一国庆节期间，举行与"祖国巨变"和"家乡变化"相关的活动，如主题征文比赛和演讲比赛等。

有针对性地安排适应教育，以迎合学生发展的关键时期和重要节点。在恰当的环境和时机下，积极引导学生完成适应教育，对其进行适度的引导。在毕业季，学生可能会面临初入社会的不安和离开校园的失落。思政课教师可以通过与学生深入讨论一系列话题，如个人理想实现、公民道德建设以及遵守社会法律法规等，帮助学生获得必要的毕业知识，引导学生养成良好的心态，这些活动旨在确保学生深入理解社会中的角色和责任，并做好适应未来生活的准备。辅导员在日常的教育中，应该积极举办与学生毕业相关的活动，让学生在活动中做好步入社会所需要的心理准备，减轻学生因角色转变而带来的不适感。这种方式可以让学生在实践和理论相结合的环境中，更快地适应大学生活的不同阶段，对自身的学习生涯和未来发展进行有效、科学的规划。

利用热门事件进行意识形态教育。社会热点事件可用作对学生进行意识形态教育的教材和契机。思政课教师和辅导员可以抓住热点舆情和学生的心理需求进行思政教育。他们可以通过真实的案例和公开的数据,让学生了解党和政府在社会事件中的治理能力,了解到政府与党的积极态度,在此基础上对中国特色社会主义制度的优势有一个深刻认识。这样,学生可以保持良好的心态,避免被错误的、消极的信息迷惑和影响。

按照教材的主题与讲授的顺序进行主题教育的安排。在进行思政课教学时,常常需要依照标准的教学大纲来进行授课,合理编排教材的顺序,以保证与学生的先前知识储备相承接,与学生的学习接受能力相适应,同时也为教师的教学计划提供时间方面的参考。相比之下,日常思想政治教育更加灵活,不受时间限制。为了协同合作,需要对教材课程的教学顺序进行针对性的安排,以主题教育的方式帮助学生实现自身的知行合一。

第二节 新媒体与思政课程的融合

一、网络热点融入高校思政理论课程的必要性

(一)帮助学生树立正确的世界观、人生观、价值观

网络世界成为新媒体时代各类信息的主要发布和传播平台。当代大学生很早就开始涉足网络领域,并逐渐形成了在社交软件(微信、微博、抖音等)上获取信息、关注时下热点的习惯。大学生可以在网络世界中学习更多的思政理论知识,对相关的资讯进行了解,但是也存在一些弊端,比如会接触到一些不健康的、负面的信息。大学生没有非常多的生活阅历,在对信息进行甄别的时候,如果没有教师以及家长的指导就很容易受到虚假、负面信息的欺骗。对此,高校思政课教师应积极利用网络平台和资源开展思政教育,增强网络教育的影响力。在思政理论课堂中,高校教师可以将与课程有关的网络热点引入课堂之中,这有利于吸引学生的目光,还能帮助他们认识到生活中的信息与思政理论知识之间存在着紧密相连的关系,进而激发学生学习的热情。因此,为了让思政教育落地实施,思政课教师应该帮助学生树立正确的世界观、人生观、价值观,并能够在面对大是大

非的情况下引导学生进行主动思考，对思政理论进行理解，有效对抗不良思想的影响和侵蚀。

（二）激发学生的学习兴趣

从本质上来说，将网络热点融入思政教育属于案例教育。教师在授课时应该引入一些与课程相关的网络热点事件，以充实教学素材并对教材进行更新。学生可以通过通俗易懂的案例更好地理解抽象的理论知识，进而激发学习的热情，这有利于授课质量的提高。将思政理论课程与当前热门网络事件结合，能够在激发学生思考的同时加深他们对思政理论知识的记忆与理解。除此之外，将热门网络事件与思政课程融合，有助于吸引那些不愿认真听讲、常沉迷于手机的学生，帮助和吸引他们重新回到课堂。网络上的热门事件往往会引起更广泛的关注，更加具有话题性，许多学生可能已经在网络平台上表达了自己的看法。他们所关注的热门话题与实践刚好和他们需要学习的思政理论之间存在联系，这可以极大调动学生的学习热情，他们也会因此积极参与思政课堂的讨论，这有利于提高思政理论课程的质量与水平。

（三）提升思政理论课程教学效果

恩格斯指出："我们的理论是发展着的理论，而不是必须背得烂熟并机械地加以重复的教条。"[①] 思政课教师是思政教育的组织者与实施者，因此，在进行授课的时候应该理论联系实际，为了让学生理解知识点，要对知识点进行深入浅出的讲解，不能只是要求学生去背诵有关的理论，也不应该让思政的理论课程出现片面化、碎片化、泛娱乐化的特点。思政课教师在思政课教学中需要突破传统课程教育的束缚，更新教学理念，将网络热点事件融入思政理论课堂中，以此提高思政教学的效果。在此基础上，实现理论与实践的有机结合。在高校思政理论课程中融入网络热点，从一定意义上来说，也可以促使思政课教师加强备课，进而有利于提高教学效果，实现思政理论课程的教学目标。

---

① 中共中央马克思恩格斯列宁斯大林著作编译局.马克思恩格斯选集 第 4 卷[M].北京：人民出版社，1995：681.

二、新媒体与思政课程融合的可行性

（一）新媒体有利于促进教学空间的拓展

新信息技术的快速发展，推动了数字信息的快速发展，加之新媒体运用的不断创新，互联网日益成为信息传播不可或缺的平台，也成为新媒体健康发展不可或缺的平台。

当前，新媒体技术受到了社会各界的高度关注与重视，并被广泛应用，高校思政教学自然也不例外，基于对新媒体技术的应用，高校思政教育领域取得了较好的成绩，即新媒体的健康发展打破了传统思政理论课教学时间与空间的束缚。思政理论课的传统教学方式对师生的教学时间与教学地点都有明确的规定，所以无论是教学时间还是教学空间都具备一定的局限性，在实际教学过程中，还有部分教师依旧采取传统教学模式，教师盲目灌输，学生被动接受，所以高校学生真正掌握的知识较少。这种教学模式难以在规定时间内讲授众多信息内容，主要原因在于这种教学模式易受多种因素的影响，如时间、设备、空间与师资等，从而增加了高校思政理论课教学质量与实效的提升难度，降低了高校学生学习思政理论课的积极性。这些问题不容忽视，但新媒体的发展与应用则较好地解决了这些问题，既打破了教学时间的束缚，又扩展了思政理论课教学空间。

一方面，新媒体资源拓展了高校思政教师教学资源。只要具备新媒体用户端，高校学生便可以不受时间与空间的约束而获取思政理论课信息，这无疑提升了高校学生学习思政理论课的自主学习意识与能力。资源的丰富，在一定程度上也激发了学生的学习积极性，提升了思政理论课教学的质量与实效，拓展了思政理论课时间、空间领域。另一方面，网络新媒体背景下，高校思政理论课教学可以较好地渗透到社会环境之中，帮助高校学生更好地了解与掌握知识信息，创新思政理论课教学方式与教学内容，促使教学内容紧随潮流，且具备较强的实效性。新媒体较好地开放了教学空间，有效融合社会多方面资源，促进高校思政理论课教学质量与实效的增强。

（二）新媒体有利于促进教学素材创新

科技的快速发展，推动了人们知识总量的迅速增长以及信息知识的迅速革新，而高校思政教学的传统模式、内容与思想都难以满足现代社会实际发展需求，学生难以及时了解与掌握一些知识信息，从而错过了探索的有效期。因此，高校思政理论课教学需要紧随时代潮流，需要依据新媒体丰富及拓展教学素材，帮助师生快速了解教学素材，紧随现代知识的更新速度。新媒体时代背景下，其具备的优势与特征在一定程度上冲击了高校思政理论课传统教学模式，为思政教师创新教学模式提供了良好的基础，师生双向沟通与探讨答疑等自然会取代传统理论灌输的教学模式，这无疑会提升教师主动性，提升学生思政理论课学习的自觉性，以及增强思政教学质量与实效。

传统思政理论课教学过程中，教师选取的教学素材较多，主要有国家规定的标准课本、教师自身具备的知识储备，但教师获取教学素材的途径较单一。除此之外，部分高校思政理论课教师缺乏丰富的知识，难以及时摒弃较落后的教学素材，因而反复给学生灌输这些较落后的教学素材，会使学生难以了解与掌握新的思政内容，这无疑增加了高校思政理论课教学质量与实效提升的难度。

高科技时代背景下，新生事物既给传统媒体带来了挑战，又给高校思政理论课教师带来了新课题，所以高科技对高校思政理论课教学而言有利有弊。新媒体具备较为丰富的信息资源，时效性和多样性是其较为突出的优势。高校思政理论课教学内容需要紧随潮流，不断创新与发展教学素材，加之新媒体是一个信息资源极为庞大的宝库，思政理论课教师可以在此宝库中随时随地查阅与学习与思政理论课教学相关的教学素材。教学素材的及时更新及与社会热点紧密联系，可以较好地提升高校学生思政理论课的学习积极性与主动性，可以较好地引导高校学生融入资源素材之中，以进一步认识到思政理论课的重要性；思政理论课与高校学生生活实践的有效结合，可以较好地促进高校思政理论课教学。

三、新媒体技术融入思政课的基本原则

（一）坚守好立德树人的育人方向

在落实立德树人的根本任务中，思政课是关键课程，在将新媒体技术与思政课融合时，必须遵循立德树人的教育方向。传媒内容在新媒体技术的背景下，具备以下特点：覆盖面广、较强的辐射力、快速的传播速度、及时更新、内容参差不齐等。当代学生常常利用新媒体，如微信、新闻热搜、自媒体微视频、今日头

条等来获取各种信息和资源。因为他们所处的年龄阶段，在自控能力方面还存在一定的不足，好奇心强，未完全形成独立思考的能力和甄别能力，所以他们在面对庞大的、来源繁多的、即时性极高的信息时容易被误导，甚至会传播不良言论。这些信息影响着学生的理想信念和价值观，因此，我们需要将新媒体技术与思政课融合起来，坚决引导学生学习马克思主义理想信念，对马克思主义理想信念进行传播，对于思政课教学内容的弱化、庸俗化、娱乐化倾向要坚决抵制，只有这样才能守护好思政课立德树人的目标和方向。

（二）力求提升教学的实效性

教学实效性反映的是在课堂教学中教师教授学生所取得的实际教学成果，其最终目的是促进学生的学习。在思政课教学中融入新媒体技术，有利于对课堂教学进行辅助，让师生参与到教学的过程中，增强互动性，进而引发学生的学习兴趣和积极性，让学生可以更好地理解马克思主义理想信念，使学生真正信仰并应用这一理想信念。但需注意避免过度强调"教学形式的华丽"，避免泛用新媒体技术而忽略教育效果，导致教学的实效性丢失。

（三）坚持与教学目标紧密融合

我们教学的方向和任务是每节课的教学目标，之所以运用新媒体技术，主要是为了更好地实现这些目标。使用新媒体技术，可以帮助学生从大量与课程目标相关的信息中获得正确的价值观和人生哲理。在使用新媒体技术时，我们不能仅仅为了迎合学生的口味或者是获得更高的关注度而使用新媒体，而必须以实现教育目标为基础。在将新媒体技术与思政课融合时，需要以课程目标为导向，同时考虑课程特点，在学生实际需求的基础上使用。为了达到最佳教学效果，必须将新媒体技术与教学目标紧密结合起来。

（四）坚持改革创新

在思想政治理论课中融入新媒体技术，改革创新是其活力所在。政治性强、思想性强、理论性强是思想政治理论课的特点，如果采用传统的说教式教学，在课堂上很难激发学生的学习热情，课程枯燥乏味，这就需要我们立足于传统的教学模式，进行改革创新，"新媒体技术融入思想政治理论课教育就是为了推进教学理念思路更新与内容展现形式、教学方法手段创新,增强思想政治理论课的时代感、活力、说服力、感染力,给学生深刻情景体验,便于学生接受和对知识的理解"[1]。

四、新媒体融入高校思政理论课程的路径

(一)总体路径

首先,通过多种方式并积极运用网络手段开展思政教育,在学生生活的方方面面渗透课程理论知识。高校可以在课堂授课之外尝试利用校内网络平台,开设独具特色的时事评论栏目。该节目的主持人可以是校内优秀的辅导员或思政课教师,也可以是思政理论水平较高的学生代表,为师生共同讨论提供一个平台。在教学时,思政课教师可以巧妙地将当下热点问题与思政课的理论相融合。比如,党的十九届六中全会总结了党百年来的重要成就和历史经验,总结涵盖了四个历史时期——新民主主义革命时期、社会主义革命和建设时期、改革开放和社会主义现代化建设新时期、中国特色社会主义进入新时代。回顾这四个历史时期,可以看到党的光辉历程。这些内容与《中国近现代史纲要》教材的许多章节内容相通,教师可以将党的十九届六中全会讨论的主题融入《中国近现代史纲要》的内容讲解中,以帮助学生更深入地理解和领会党的十九届六中全会传达的精神。

其次,从网络热门话题出发,推动思政理论和专业课程融合,实现课程思政建设目标。在专业课程的教学中,高校教师应该对各类专业的课程进行深入挖掘,将其中蕴含的思政元素挖掘出来,不断丰富专业课程的育人内涵,将显性的思政教育和隐性的思政教育进行结合,进一步推进课程思政的建设,在发挥思政课程育人的基础上,对各类课程的育人作用进行充分的发挥,进而构建起全员育人、全过程育人、全方位育人的格局。一些高校通过举办课程思政说课比赛,有效地增强了教师的课程思政意识。高校教师应从网络热点出发,构建思政示范课堂,使学生认识到专业课程和思政理论课程之间的相互促进和相辅相成的关系。思政

---

[1] 中共教育部党组. 关于印发《"新时代高校思想政治理论课创优行动"工作方案》的通知[Z]. 2019-09-03.

课教师应该与各个专业教师加强互动与交流,并且齐心合力共同探索思政教育和专业课程的融合方式。

(二)具体路径

1. 教学过程有机融入新媒体技术

(1)教学导入采用新媒体

首先,在进行课堂导入的时候使用新媒体技术,应该保证其与授课教学目标、内容保持一致,要与高校学生的实际相契合,不能脱离教学目标。要做好教育工作,需要深入研读教材、认真准备课堂教学,结合新兴媒体技术与课程内容,恰当地融合二者,了解高校学生的学习知识和思想状况。教育者要具备分析矛盾问题的能力,在处理各种棘手问题时,更要善于捕捉关键点,找到当前阶段需解决的主要矛盾,针对性地设计导入课程,实现教育目标。作为一名教师,需要注重学生成长环境对学生的影响,通过了解他们经常访问的网站、网络学习平台,了解他们经常观看的视频以及日常喜好,来对他们的思想动态进行了解和把握。在教学过程中,根据教学目标灵活运用新媒体信息技术,以此来增强课堂导入的吸引力,让学生更好地接受思政课教育。其次,教师可以利用新媒体上的热门议题来导入。在大学校园中,学生们具有思想开放和关注社会热点问题的特点。他们高度敏感和好奇社会的焦点问题与舆论问题。因此,教师应当利用新媒体的优势,将这些热点问题融入课堂教学中,与课程内容有机结合,以此激发学生的学习热情和兴趣。由于高校学生不管是在心理层面还是在心智上都不成熟,故他们难以正确分辨网络中的庞杂社会热点的好坏,无法正确甄别。教师在对热点敏感问题进行分析的时候,应该用马克思主义基本立场、观点、方法观察与分析,对学生进行正确的引导,对教育方向进行把控,掌握话语主动权。

(2)教学内容呈现融合新媒体技术

思政课应当在教学前、教学中以及教学后充分利用新媒体技术,将其呈现在教学内容当中,以此创造出优质、高效的思政课堂。在课前,我们可以利用智能终端信息化平台建立班级,在系统平台中导入学生名单,并制定一份调查问卷,通过调查问卷来对学生的知识水平、学习需求和态度等方面进行了解。通过对这些数据进行分析,我们能够更加准确地把握学生的学情,结合具体的教学内容,向学生推送更有针对性的、更适合的预习资料和学习任务，以任务驱动学生进行预习，并促进学生思考能力的提升。在课中，首先，对学生在预习环节产生的知识疑问以及知识需求，教师应该进行引导性的解决，并且可以对这些疑问展开线上与线下的小组讨论，鼓励每个学生积极参与讨论，同时教师也要积极参与其中，与学生进行互动，对学生进行引导并解答问题，激发学生主动地深入思考，并将思想理论内化为观念认知。其次，以新媒体为辅助，围绕教学目标构建思政智慧课堂，推进教学精准化。在教学内容中融入数字文本、音频、视频、自媒体、图像、移动直播、动画等，让教学内容的呈现以情景体验式为主，通过任务驱动来实现师生互动、生生互动、人机互动、人际互动，从而激发学生的深入思考，让学生获得沉浸式体验，从而加大思政课的力度和深度。最后，为了对课堂学习效果进行诊断，需要利用信息平台推送随堂测验试题，分析检测数据，在与学生的交流与互动中进行教学反思，实现教学方法的不断改进。在课后，根据学生的课堂表现，教师借助信息系统平台为学生推送更多个性化的、多元性的分层作用，学生可以在信息化平台上完成作业，也可以在该平台上发表自己的感想与疑问，并且也能在该平台与师生进行交流互动，这有利于巩固课堂所学的知识，开拓思维，促进学生在课后继续学习，不断进步。

2.依托新媒体技术实现教学组织形式的多样化

（1）利用新媒体技术开展"线上＋线下"混合式教学

现代高校思政课教师在新媒体条件下应该具备学习和掌握最新媒体技术的能力，不断更新和提升自己，研发出优秀的网课，并善用线上教学的优点，使线上与线下教学有机地结合。首先，应该做到学习场景的无缝融合，在线上与线下的融合中，最为关键的是新媒体技术与学习活动的融合，为此，高校应该建设一种一体化、无边界的学习生态环境，需要让各个教学场景实现信息的互通、数据的流通以及服务上的贯通，只有这样，教师才能真正将虚拟与现实融合，将线上与线下融合，实现线上线下的无缝对接，只有这样才能对技术瓶颈进行解决。其次，学习内容和学习方式的无缝衔接。为了确保思政课的实效，对于线上和线下的教学内容和任务，教师应根据学生的学习情况及时调整，提供有针对性的、科学的、全面的慕课、学习资源和学习任务，并通过线上和线下教学的结合，成功地引导学生解决知识重点和难点，在实践中提高思政课的实际效果。

（2）利用新媒体技术构建思政大课堂

首先，运用现代数字技术建立立体网络化的思想政治教育平台，包括学生管理部门、辅导员、宣传部和团委，以增进沟通、共享资源和信息为目标，辅导员可获取学生的大量实时数据，这可以成为思政课堂教学鲜活的教学资源，与思政课程相互配合，让学生随时随地身处在强烈的"立德树人"氛围与环境之中。其次，在思政课与课程思政沟通交流中运用新媒体技术。专业课教师在找寻课程思政育人的切合点时，可以使用新媒体立足专业学科特点，从具体教学目标出发来找寻切入点，对课程思政建设进行加强，我们可以借助新媒体技术，实现思政课教学资源库建设，建立一个课程思政教学资源共享平台，让专业的思政课教师为专业课的教师提供有针对性的指导，进而形成协同育人的大思政课。

3. 教学评价融入新媒体技术

（1）利用新媒体建立"显性+隐性"的教学评价体系

针对思政课，显性评价主要考查学生的平时作业完成情况、期末考试表现和是否完成学分要求，而隐性评价则需更为细致地评估学生心理、行为、情感等方面。大多数高校会通过期末考试成绩和平时成绩来考核和评价学生。期末考试一般通过纸质或在线方式进行，评价标准客观，易于操作。平时成绩的考核则包括了学生在课堂上的表现、作业完成情况、出勤率等。显性的考核评价方式可以对学生的课堂知识理解程度有一定的反映，但是思政课程作为落实立德树人任务的关键课，更为重要的是让学生将知识内化为自身的思想道德，自觉在日常生活中践行。为此，我们应该在新媒体技术的基础上，建立思政课隐性评价体系，主要用于考核学生是否将所学的思想价值理念运用到学习中，是否在实践中践行。

（2）利用新媒体建立"近期+远期"的教学评价体系

马克思曾指出："人们按照自己物质生产率创立相应的社会关系，正是这些人又按照自己的社会关系创造了相应的原理、观念和范畴。所以，这些观念、范畴也同它们所表现的关系一样，不是永恒的。它们是历史的暂时的产物。"[1] 思政课

---

[1] 练庆伟.新媒体时代马克思主义网络传播的话语演进[J].思想教育研究，2016（12）：66-69.

对学生的影响是潜移默化的，是一个具有持久性的过程。在现实中，可利用新兴媒体技术创建学生成长平台，通过为每个学生提供独立账号来实现个性化学习。学生可以通过该平台明确自己的学习目标，并自行评估实现目标的进度和质量，发现目标与现实之间的差距，并针对差距原因进行分析与改进。同时，教师能够随时与学生进行有效沟通和交流，并为学生提供指导性建议，帮助学生解决成长中遇到的思想困惑，从而不断提高思政课的育人价值。

五、新媒体与高校思政课程载体融合实践

（一）设立网络教学服务平台及教育资源中心

相比较于其他课程载体，高校思政课程载体有着一定的权威性、稳定性，而教育者自身也具有较强的主导性，并且整个教学过程都拥有配套的评价体系。所以，必须继承传统的载体运作方式，充分发挥知识灌输的功能，但仍要注意与新媒体技术的有机结合，进而使知识灌输更富创意。

1.借力新媒体，开展学习资源设计

由于高校思政教育的具体内容涉及较广，因而可从政治、思想、经济以及文化等诸多层面来设计。为便于开展设计，教育者可将思政课程载体设计划分成三大部分，即主干内容、辅助内容和拓展内容。其中，主干内容部分的设计主要包括思想道德修养与法律基础、马克思列宁主义原理、中国近代史发展、毛泽东思想、邓小平理论、"三个代表"重要思想、科学发展观以及习近平新时代中国特色社会主义思想等众多内容。在实际教育过程中，教师应针对上述内容的共性特征（较强的政治性和思想性），充分利用好网络优势，以文字、图片、音频、动画和视频等现代化手段进行呈现，并且变抽象为具象，化无聊为有趣，从而使高校学生自觉接受思政教育的洗礼，主动参与主课堂讨论。辅助内容部分的设计则涵盖了与主干内容有关的知识导入、评述和阐述等，譬如教学案、典型实例、链接网站和参与资料等。拓展内容部分的设计包括教师指导与帮助、讨论与测试，譬如道德讲堂、成果展示、名师讲座等。思政教师通过不断丰富学习资源及精心设计教学内容，加强课堂教学互动性，进而实现高校思政教育目标，增强大学生整体思政意识。

2. 积极改进教学方法及手段

高校思政课堂教学的重点在于从根本上解决好大学生的思想问题，但这种思想理论是实践活动不能实现的，所以需要依赖深度的理论课程教育体系对学生进行科学的指导，以正确的理论知识武装他们，以深入浅出的道理说服他们，从而帮助当下大学生合理使用马克思列宁主义来处理好日常学习或生活中出现的各种问题。由于高校学生的思想意识较为活跃且发展需求也较为多样，所以传统的灌输式教学方法难以吸引他们的注意力，进而使他们无法对思政教育内容产生兴趣。为此，思政理论课教师应积极改进并创新教学方法，变灌输式、被动式和封闭式教学为指导式、主动式和开放式教学。此外，教师还要根据大学生的身心特点及其实际需求，对不同发展时期面临的具体问题进行集中解决，灵活开展教育教学实践，以此激发学生对思政理论学习的兴趣和热情。教学形式多元化是十分必要的，多开展思政教学活动，比如辩论赛、演讲朗诵比赛、撰写论文及分组讨论等。这样不仅能让学生踊跃参与进来，而且也会使他们对所学的思政理论知识产生极大兴趣。高校思政课程并不仅仅由思政理论课独立承担，各专业课程的教学也应该在传授专业知识的同时，融入一些思政教育的内容。例如，在专业课程的教学过程中，可以适时地融入团队合作精神、人文精神、奋斗精神、创新思维和科学精神等元素。

（二）构建导航系统与特色网站

高校思政教育在物质及管理上应构建导航系统与特色网站，也就是将校内物质要素（如学校建筑风格等）、制度要素（如管理服务等）与大学生共同分享。当然，其主要方式则为建立特色网站，比如在校园网络上设置"视频新闻""图片鉴赏""文字阅读"等专栏，不仅能将静态化的建筑风格以及院校风貌等以生动的视觉存在形式进行呈现，而且也能更好地传递出校园文化和精神。通过观看视频、点击图片、阅读文字等形式，既可以凭借其语言性和直观性逐渐影响高校学生的世界观、人生观、价值观，同时又有利于他们在潜移默化中受到熏陶，激励其意志，监督其修身立德。通过创建管理制度栏目，以一种公开方式使大学生领会到高校管理制度体现出的"依法治校"观念，进而增强学生的法治意识，培养遵纪守法的好习惯。总之，该过程即为高校最为重要的、最直接的隐性思政教育方式之一。

（三）搭建师生信息快速传递平台

教师对学生的影响是巨大的，其关键在于教师具有的理论水平、个人魅力等，这些都来自辅导员、班主任、任课教师的专业素质和道德力量。如果将传统意义上的谈话或咨询融入该模式之中，可以具体表现为辅导员、任课教师开通个人空间，上传辅导资源和教学材料，撰写原创博客文章，组织学生讨论热门话题，公开自己的联系方式，并且建立微信、QQ群，进而与学生形成心灵伙伴关系，同时也保持信息传递迅速、工作稳定顺畅。因此，高校思政教师应当持有"学为人师，行为世范"的理念，通过撰写文章、经营空间等诸多手段，充分体现自身的思政素养、教育能力，不断提高外在形象，坚持以科学的思想方向、严肃的治学态度、高尚的道德情怀，以及成熟的人格魅力来影响学生的思政品质和道德责任感，让他们心生理性反思，进而达到共鸣状态。

第三节　传统文化与思政课程的融合

一、传统文化融入大学生思政课程的必要性

（一）有利于传承中华民族的优秀传统文化

直到现代，中华传统文化一直是传统教育的重要内容，它注重因材施教、有教无类、尊师爱生等。同时，这也成为传统教育的主要内容和材料，主要学习的是儒家经典。所谓"观乎人文，以化成天下"[1]，继承卓越的传统文化是重新塑造中国大学精神的重要思想来源。

对于任何一个主权国家来说，文化传承都是不可或缺的。对于那些在高校接受了高水平教育和文化熏陶的学生们来说，他们具备了承担中华优秀文化传承这一伟大使命的必要条件和能力。为了最大化发挥优秀传统文化的教育价值，高校应将其列为思政课教学的重点内容，激发更多大学生的责任意识，传承和弘扬中华优秀传统文化。我们必须认识到，传统文化是国家的灵魂，也孕育了伟大的民

---

[1] 薛飞.周易新义[M].北京：华龄出版社，2022：128.

族精神。因此，若是高校的大学生愿意积极投入对传统文化的学习与研究中来，不仅有助于提升他们的个人能力，同时也能为社会发展带来重要的推动作用。在和平年代，我们可能感受不到保家卫国的紧迫，但是高校大学生仍然应该树立爱国精神，并积极学习和弘扬中国传统文化。在战争年代，许多英勇的人为了拯救国家和人民而甘愿付出生命，这正是爱国之情的体现。

（二）有利于丰富高校思想政治教育的课程内容

中国历经几千年的历史积淀，形成了具有丰富内涵的传统文化。因此，为了丰富教育资源、提升高校大学生的思想政治素质，我们应该将各种形式的哲学思想和观点纳入教学内容中。在社会、文化和个人成长方面，优秀的传统文化都扮演着重要角色，我们要最大程度地发挥其作用和价值。因此，各高校需要充分融合传统文化教育和思想政治教育，以实现更好的教育效果。

从长时间的实践中可以得知，高校大学生接受思想政治教育具有十分重要的意义。通过学习传统文化，高校大学生可以更深刻地认识和体验传统文化，并且培养出分辨是非的能力，而不是盲目崇拜或排斥"古圣"等思想主义。如果能够充分将中华传统文化的精髓和价值融入思想政治教育中，就能够有效促进中华传统道德体系的壮大发展，同时能够深化思想政治教育的意义。对于高校大学生而言，不断在思想政治教育工作中注入中华优秀传统文化的知识，可以帮助他们塑造正确的个人价值观。同时，这也能让一些优秀的思想理念在他们心中扎根，从而真正实践仁爱、守信、正义等核心价值观。此外，还可以促进价值观的培养和塑造，以助力当代大学生人格品质的提升。高校应该采取恰当而有效的措施，将中华传统文化融入思想政治教育工作中，使中华传统文化发挥最大作用。

（三）有利于培养学生对中华民族的自信自豪

热爱祖国的璀璨文化和美丽山川也是表达爱国情怀的方式。爱国主义是由于千百年来各自的祖国彼此隔离而形成的一种极其深厚的感情。中华文化源远流长，拥有几千年的历史。其中，民族凝聚力是中国能够生存发展至今的重要因素之一。这种凝聚力激发了不同时代人们勇往直前、勇于斗争的强大力量，一直是人民心中重要的精神支柱。如果民族自豪感不强，民族凝聚力就会削弱，这就会导致社会失衡，不利于国家发展。因此，中国人必须充满斗志去实现中华民族伟大复兴的中国梦。

改革开放后，科技的不断进步以及经济的快速增长，社会多元化的思潮开始兴起，这对社会主义所推崇的价值观产生了影响。最近几年，有一些年轻人更加重视西方洋节日，比如情人节、圣诞节等，有时甚至超越了对中国传统节日的重视程度，并且对中国的辉煌历史和文化传承不够关注。拜金主义和个人主义对基于中华传统文化的爱国主义和集体主义产生了不良影响。如果要在高校大学生思想政治教育中有效遏制上述趋势，我们需要将传统文化融入教育中。因此，高校应该高度重视传统文化教育，在面向不同的大学生群体时开展相应的教育主题活动，以便更好地培养学生的爱国主义精神。

二、传统文化融入高校思政课程的困难及原因

实际情况表明，对当前大学生思政教育来说，无论是在系统的教育课程中还是日常的思政教育活动中，对传统文化资源的利用不足是普遍存在的问题。我们需要深入分析思想政治教育中缺乏充分运用传统文化的根本原因，以便提出解决方案并实现传统文化与思想政治教育的有机结合。

（一）课程结构设置不合理

科技的迅猛发展和国际专业技术的激烈竞争促使现今高校注重培养学生的技能，而往往忽视了人文教育的重要性。我国教育目标的关注点主要在技能培养、考试成绩和职业发展上。虽然这些是重要的方面，但忽视人文教育和道德教育可能会对个人和社会产生负面影响。我国高校的教育较为注重学生的就业能力和职业发展，一些课程设置不够完善，主要表现在以下几个方面。

1. 课程比例不协调

从总体上看，高校开设有关中华优秀传统文化的课程较为有限，课程比例失衡。从现阶段的状况来看，大部分高校的培养目标主要集中在技术型和应用型人才方面，他们更加注重学生的专业技能和实践操作技能，对学生的人文关怀和文化底蕴不够重视。由于一些学校普遍采用"重理轻文"的教学模式，导致人文类知识的覆盖范围较小，学生接触这些知识的机会相对受限。有些高校仅将相关课

程归为选修课和通识课，并不强制要求学生必修。高校有关中华优秀传统文化的课程不断减少，并非所有学生都有机会全面了解和学习这方面的知识。对于那些选修了优秀传统文化课程的学生来说，我们很难具体评估他们是否真正深刻地理解了相关内容，并将这些知识与实际生活相结合。这个过程无法被量化，无法确定这些学生是否真正将所学内容融入自己的行为中，让传统文化的精髓深入自己的内心。

2. 课程内容较单一

在教授思政课的课程内容方面，传统文化知识在课程中的形式较为单一，教师的授课方式也较为笼统，缺乏全面性。同时，教师在授课时通常只关注传统文化的某些特点，或者是文化本身，而没有将其系统化地归纳和整合到其他相关的课程内容中。由此导致学生难以全面掌握这些知识，难以激发他们对相关知识的学习兴趣。思政课是目前学生提高个人素养的主要途径。然而，一些思政课的内容本身具有相当强的理论性，其中许多知识并不容易理解，这导致学习过程会比较无聊和乏味。一些教师仍然采用纯理论讲解教学法，拘泥于教学大纲的表述，在课堂上缺乏互动交流。这种单一的教学方式不足以满足现代学生的求知欲望，也无法引导学生深入思考和探索相关的论题。因此，学生很难产生学习兴趣和内心的认同感。

3. 教学手段陈旧

为了在高校思政课程中更有效地融入中华优秀传统文化，我们需要借助适当的传播载体和媒介，加强信息的传递效果，从而促进思政教育主客体之间的联系。然而，在当前的思想政治教育实践中，主体获取文化知识的渠道逐渐减少，形式也趋于单一，这使思政教育的创新和实效性受到了一定的限制。

高校校园活动是将传统文化与思政教育相结合的重要形式，能够丰富学生的日常生活，激发他们的创新思维和想象力。然而，我们也要看到，高校在举办传统文化相关活动时，存在一些不足。例如，一些活动过于注重形式，而忽略了对优秀文化内涵的深入挖掘，这可能无法引起学生的兴趣和认同。此外，有些高校没有充分利用重要节日等时机进行相关教育和宣传活动，导致学生对某些节日和传统的了解不够深入，无法理解其真正的意义。

同时，网络载体在中华优秀传统文化的传播中应用不足。网络作为新兴的传播媒介，为高校思想政治工作提供了新的平台。然而，互联网带来了海量信息的同时也存在一些不良文化的干扰。一些学生因追求潮流而受到非主流文化的影响，导致他们崇尚享乐，形成拜金主义和攀比等不良风气。此外，关于中华优秀传统文化的网络宣传方面还存在不足，这使通过网络进行思想政治教育的效果难以达到预期目标。

（二）在校园文化建设中体现不足

学校既是学习的场所，也是人才培养的基地。为了提升高校的发展水平，必须加强校园文化建设，营造良好的校园文化氛围，使学生能够在良好的校园文化环境中成长。在实际建设过程中，需要综合考虑自身特色、精神文化内涵等各方面的因素。校园文化是指在教学过程中，教师和学生在校园内形成的一种文化氛围，包含学校内部的物质和非物质文化方面的内容，如内部条规制度、文化活动等。它能够充分展示学校的精神风貌。同时，还能够潜移默化地对校内学生产生影响。要提高学生素养，需要加强校园文化环境的建设，要将传统文化与思想政治理论课有机结合起来。

尽管很多学校已经认识到中华优秀传统文化对于校园文化建设的重要性，一些学校也将其纳入文化建设的范畴，但是在实际操作中，仍然存在着理论与实践不协调的情况。主要包括以下几个方面。

1. 物质文化建设缺乏文化内涵

学校的物质文化建设体现了学校的整体风貌和高校师生的素质。它是学校的外在形象，反映了全体师生的精神风貌。一些高校的建筑设计缺乏协调统一的规划，无法形成独特的环境氛围。很多学校注重建筑的奢华与宣传口号的新颖独特，但忽视了建筑应体现的精神内蕴。在命名教学楼、宿舍楼等建筑物时，多数高校使用数字和字母，只有部分学校采用我国传统文化词语来进行命名。校园内许多展板和围墙上都展示着名言警句，然而却未能将这些名言与中国传统文化相融合。学校的电子显示屏仅用于发布公告和新闻，却很少展示与传统文化相关的信息，这使学校缺乏浓厚的人文氛围，难以达到真正的教育效果。另外，一些校园物质建设缺乏当地独特的元素。尽管中国南北建筑风格各具特色，但是许多学校的建筑外观和内部布局越来越类似。中国拥有六大传统建筑派系，各具特色，造型之美令人叹为观止，但令人遗憾的是，鲜有高校在校园建筑设计中使用传统建筑形式，如亭、台、楼、榭等。这些建筑风格本是我国传统文化的精髓，但在高校里很难发挥其最大作用，学生也就无法真正领会传统文化的魅力。

2. 精神文化建设缺失核心内容

很长一段时间以来，一些学校忽视了校园文化的隐性功能，仅把它简单地等同于硬件设施的外观建设，这导致传统文化在精神文化层面的意义被弱化。当今时代，文化也朝多元化方向发展，人们获取信息的方式日益多样化，同时，网络环境优劣不一，一些大学生在网络上过度沉迷，从而迟到、早退甚至旷课，给他们的学习带来严重的影响。有一些学生缺乏学习精神和传统文化中的刻苦精神。在教育领域，绝大多数教师都具备优秀的师德，能够认真履行自己的教学职责，但是仍有一些教师没有这种修养，在授课过程中缺乏个性化的互动，授课内容缺乏趣味性和挑战性，这使学生很难保持专注度，难以达到良好的教学效果和品质。许多高校未将中华优秀传统文化所蕴含的精华思想融入其精神文化建设中，这造成核心文化内容在学校精神文化建设中的缺失，整体的校园文化氛围堪忧。

3. 制度文化建设迷失文化方向

学校的制度建设是其他建设的基础，对所有大学生和教师的发展都有着积极的推动作用。高校需要建立严格的制度体系，以确保各项工作有序展开并促进高校、教师和学生的共同进步。近年来，随着多元文化的融合发展，一些学校的制度特色已经不再显著，也难以明确制度文化的发展方向。部分高校在制定规章制度时，未考虑到自身的未来发展方向，导致制度体系的科学性和全面性不足，甚至可能与国家制度存在差异。有些学校的管理机制不健全，导致规章制度的管理不够严格，而且在执行过程中也可能会出现一些混乱状况，制定的规章制度在实际执行中可能会遇到困难，并缺乏有效的权威性。此外，一些良莠不齐的社会文化也对高校制度的建立产生了一定的影响。那些不良的领导作风、企业家利益至上的理念也对校园制度文化的建设带来了不利影响。

（三）师资力量较匮乏及教师素养不足

高校的思政教育是学生接受科学理论知识以及实现全面发展的主要场所，师资力量是决定思政教育成效的重要因素。目前来看，学校内从事思政工作的人员整体素质还有待提高，高校还需要进一步加强师资力量。

就学校方面而言，师资数量和构成都缺乏合理性。在教师队伍中，兼职教师比例较高，而专职教师的人数不足。对于大多数民办大学来说，采用既有专职教师又有兼职教师的师资队伍可以最大化利用现有师资资源，进而提高学校的教学质量。长期以来，这种做法导致兼职教师人数远远超过专职教师，同时专职教师队伍流动性变大，因此很难建立一个稳定而高素质的教师队伍。学校思想政治教育的开展，还会受到高校教师的年龄、学历和职称比例的影响。在高校中，存在着教师年龄分布两极分化的问题；就教育背景而言，缺乏高素质人才，急需引进具备高学历、高水平的专家和学者；一些高校教师的整体素质较低，且教授、副教授和讲师的比例不平衡，整体结构明显不合理。此外，还有一些学校的教师在科研方面的技能存在局限，需要进一步提升他们的创新能力。有些教师由于缺乏时间和精力，无法参加科研活动或相关培训，因此他们的科研能力有待提高。

此外，就思政课老师的个人水平而言，其专业素养较为欠缺。首先，有一些思政课教师的学识水平相对较低。作为一名思政课教师，需要具备多方面的教育理论、哲学与心理学等综合知识，而大多数思政课老师的专业背景与研究重点集中在马克思主义理论方面，对传统文化知识的了解与培养相对较少，其理论基础有待进一步加强，因此，在思政课程中准确应用这些内容变得具有挑战性。其次，教学模式不新颖。在传统的教学模式中，思政课的教学方法通常是通过灌输理论的模式来进行的。一些教师只采用单一的教学手段，而一部分教师则仍然坚持使用传统的板书方式来进行教学。虽然很多教师采用多媒体投影演示来授课，但是其绝大部分教学内容仍以文本和图像为主，尽管这种方式较传统口头授课来说有所改进，但它未能充分发挥网络平台的优势，未能将晦涩难懂的知识转化为音频、视频等多种形式来帮助学生理解。现今大学生的学习和生活越来越依赖于网络，这个趋势也给传统的教育方式带来了更大考验。因此，教师需要跟得上时代的步伐，更新授课方式，采用易于学生理解的教育方式来实施教学计划。最后，作为高校重要师资力量之一的辅导员偏年轻化，工作经验相对较少，尚未积累足够的资历。由于他们对传统文化和思想政治理论的了解不深，因此在与学生沟通时难以成功地将这些知识融入对话中，难以达成有效的教育效果。此外，辅导员的职责范围涵盖了多个方面，包括党建工作、就业咨询和指导、心理健康教育等，导致辅导员的时间和精力都非常有限，他们很难专门投入时间来研究传统文化教育，并将其与实践相结合，从而全面地帮助学生树立正确的价值观念。

三、传统文化融入高校思政课程的措施

（一）端正思政课上大学生的学习态度

当前，由于社会环境的影响，大学生将毕业后获得一份有稳定收入又相对舒适的工作作为他们学习的目的。因此，他们在学习时会把注意力集中在专业课程上，因为他们相信只有通过提高自己在专业领域的学习能力和技术水平，才能获得更好的就业机会。这就导致大多数学生忽视了对传统文化的学习，认为与之相关的课程是无用的，在课堂上对这些课程缺乏专注，课后也不会深入研究，而只将专业课当作学习的重点。目前，大多数大学生对选修传统文化课程的态度不够积极，大部分学生纯粹为了获取学分而选修，缺乏对传统文化的真正理解和兴趣。学习专业技术课程可以增强个人技术能力，从而有效地推动个人未来的发展。同时，学校也高度重视专业课程的教育。为了增加学生就业机会，高校制订了详细的计划，鼓励学生获得与其专业相关的认证证书。相反地，在人文知识教育方面关注度相对较少。有些大学甚至没有提供相应课程。这些问题的存在导致学生的思想受到了影响，因此在传统文化课程中，学生的注意力无法集中。他们普遍认为这些课程没有什么用处，因此不愿花费更多精力来学习。

因此，为了使大学生能够更好地改变他们的思想观念，正视学习传统文化的重要性，必须从以下几个方面入手。为了增进学生对传统文化的了解，可以采取在校内推行宣传教育的方法。研究传统文化不仅有益于加强自身的道德意识和思想建设，而且可以为专业课程提供优良的文化基础。另外，需要纠正目前大学生普遍存在的以职业为优先的思维方式。这种思维追求功利，无法完全体现一个优秀人才所需具备的品德素养。我们可以通过举办相关实践活动来引导学生更全面地认识自己的职业生涯，帮助他们认识到仅有专业技术能力并不足以成为一名成功人才，而个人品格素养同样至关重要。高校开展传统文化教育旨在传承和宣扬传统文化，促进学生的思想道德素质提升，以培养正确的价值观为目标。只有让

学生认识到传统文化教育的重要性，才能激发他们的兴趣和积极性，从而为个人的发展打下坚实的基础。

（二）提升思政课教师的思想道德素养

要在高校思政课中充分发挥传统文化的价值，除了增加师资力量，还需要注重提升教师的思想道德素质。只有这样，才能适应时代的变化，迎接新的挑战，开辟新的道路，创造新的辉煌。教师作为一份崇高的职业，承担着培养学生学业和道德的责任。高校思想政治理论课的教师需要具备丰富的人文素养和优良的个人品质，此外还必须拥有高尚的道德品质，在与他人的交往中应该展现出亲切友好的积极形象。为了提高学生的思想道德素质，开设思想政治理论课是必要的。然而，为了实现这一教学目标，教师必须先具备高尚的道德素养。教师的个人素养需要在课堂教学中体现，而这种表现对学生的思维和行为发展具有至关重要的作用。当教师具备高水平的素养和道德品质时，才能成为学生良好行为的典范，并帮助学生提高道德修养。这表明，教师的人格和道德素养状况与学生品德提升之间存在紧密联系。为了更有效地提高学生的品德素养，必须提升教师的思想道德素养水平。

一方面，思政课教师需要具备优良的传统文化修养，深刻理解传统文化的内涵。为了加强教师的传统文化素养，可以采取以下措施：阅读古代典籍、学习传统技艺、参加有关传统文化的讲座以及欣赏文物古迹等。这些都是有效的方式。同时，教师在教学中应将传统文化与思政教育有机结合，借助中华优秀传统文化为学生树立思想行为等方面的榜样，以更好地促进学生的积极成长。在教学工作中，教师的言行可以反映出其中蕴含的传统文化背景，而学生也会在学习过程中获得相应的教育和启示，最终受到潜移默化的影响和塑造。

另一方面，教师还应该严格要求自己，以身作则。思想政治教育工作者的生活态度、思想行为意识和道德品质等，会对学生产生相应的影响。因此，在教授中华传统文化时，教师需要注意自己的言行举止，确保它们与传统文化所体现的精神内涵相一致。需要以道德准则来规范自己的行为。在从事教学工作时，需要不断以身作则，提高自己的道德素养并始终按照道德品质的高标准要求自己。同时，教师还需要不断提升个人品质，加强道德修养，以成为大学校园中积极学习中华传统文化的榜样。

要让传统文化更好地融入思想政治课程，高校必须致力于建设一支高水平的教师队伍，因此需要实现以下两个目标。

（1）完善高校在传统文化方面的教师队伍培养

教师是辛勤的园丁，是人类智慧的基石，是当代大学生成才之路的导师与引路人。教师的综合素质对于学生的学习和发展至关重要。因此，中华传统文化素养将成为评估教师综合能力的新标准，该标准不仅能够更好地促进学生学习，还能有效传承传统文化，达到提高高校大学生思想政治教育质量的目的。

（2）完善传统文化方面的教师评估机制

在传统文化领域对教师评估机制的创新需要结合当前的教学实践来进行。制定评估机制需要综合考虑多个因素，不仅包括教师的实际教学质量，还需考虑学生的实际学习状况等其他方面。只有全面考虑这些因素，并进行综合评估和改进，才能确保评估的准确性和有效性。具体来讲，要将传统文化与大学生思想政治教育有效结合，需要具体考虑实际情况，了解学生的接受能力和水平，确保教育效果。在制定高校评估机制时，需要充分了解教学实践现场，听取广大高校学生和教师的看法，同时结合传统文化元素，考察其对学生成长的作用，以此为基础制定评估机制。创新教育评估机制是一项长期而系统的任务，因此需要坚持务实的态度，根据实际情况整合各方面资源，达成协同合作的目的。

（三）合理选择思政课上的教学手段

教师在选择教学方式时必须考虑学生的主体性和学习需求，并根据学生的认知特点因材施教，建立开放式的课堂学习环境，以激发学生的学习兴趣。这些因素都对教学效果有着重要影响。例如，教师可以采用小组协作的方式引导学生深入探究与传统文化有关的问题，以小组为单位进行社会调研和讨论，也可以让学生参与课堂辩论以激发思维碰撞，从而加深他们对传统文化的认识。教师需要在教学中融入信息时代的新元素，使传统文化更生动有趣。通过精彩的授课内容吸引学生的好奇心，让他们在学习的过程中进行思考和总结，提高思想觉悟水平。教师可以利用网络将思政课变为弘扬传统文化的平台。可以通过移动教学软件实时推送学生感兴趣的热点话题，并将传统文化有机地融入课程中。除此之外，还可以利用在线沟通等多种方式，为学生带来更加多样化的课堂教学模式。

（四）强化适合传统文化融入的育人环境

为了让传统文化融入高校思政课程，需要创造一个有利于传统文化发展的育人环境，并且重视在大学校园文化中的传统文化建设。随着社会的不断发展和世界经济一体化进程的不断加速，现代社会对大学生思想政治教育的要求越来越高，因此，我们需要探索新的高校思政教育方法，以实现教学改革的目标和任务。创造优秀传统文化的育人环境，是工作中最关键且有效的措施。文化是一个地区或国家的人形成的习惯和传统，而这些习惯和传统与周围环境密切相关。

高校是大学生学习和成长的地方，大学生的成长离不开高校环境的影响，特别是在文化底蕴和学习氛围方面，高校环境起着至关重要的作用。这些因素直接影响到高校大学生思想政治教育活动的开展。只有营造良好的学习环境，构建完善的高校思政教育机制，才能更好地助推大学生的健康成长和成才。因此，高校应该注重培养自身良好的价值观念，提升文化素质和文化内涵。高校的建筑需要考虑环境要求，加大硬件设施的投入，提高校园文化氛围，通过营造包容、浓郁的学习氛围，让大学生在其中更好地学习知识，并提高解决问题的能力。高校应该建立轻松、易学的文化环境，激发学生的好奇心和求知欲望。同时，开展多样化的文化实践活动，培养高校学生的文化创新精神。这样，就可以在实践中对高校学生进行思想政治教育。

要传播正面价值观和优秀的传统文化。当人们接触到正确的、积极向上的文化时，他们会逐渐对不真实、非理性的想法有识别能力。因此，我们需要在整个社会传播传统文化的积极影响。可以在社会中倡导和宣传一些代表着优秀传统文化的人物和事件，鼓励全体社会公民积极学习和参与这些活动和比赛。例如，可以举办一些弘扬诚实守信、自力更生等传统美德的活动。我们需要明确传统文化与封建迷信之间的区别，并善用中华优秀的传统文化，来教育和培养新一代，预防封建迷信对社会带来的不良影响。

在大学校园内，必须重视高校的文化环境建设工作。建设校园文化是实施思政教育的重要途径，其表现形式涉及物质、精神和制度文化等多个方面。校园文化有两个重要的作用：一是通过教育引导，二是在潜移默化中影响。高校应该突出传统文化在思政教育中的地位和作用，将其作为重要的特色和丰富的内容，积极融入校园文化建设中，以增进大学生对传统文化的了解和保护。校园文化包含两个重要方面：第一，是与硬件环境相关的事物，比如校内的场馆和场地。其次是文化氛围，比如学校的价值观、学风等方面。如果在学校各个角落都融入传统文化元素，那么学生在这样的环境中自然会逐渐了解和认识传统文化，受到其影响。因此，我们必须认识到校园文化建设的重要性，为中华优秀传统文化与大学生思想政治理论课的融合打下良好的文化基础。

高校应该在校园建筑中融入传统文化的精华，比如在教学楼、宿舍楼、体育馆等建筑中融入传统文化元素或采用中式建筑风格，让学生充分领略传统文化的深刻内涵。另外一种行之有效的方法是雕塑历史人物，这类雕塑可放置在学生常去的公共场所，时刻影响学生。以湖北文理学院为例，该校在传承中华传统文化方面的教育工作备受教育工作者的肯定和赞扬，特别是在校园文化环境建设方面。湖北文理学院秉持着"淡泊明志、宁静致远、躬耕苦读、鞠躬尽瘁"的隆中精神，致力于传承和弘扬中华优秀传统文化。其在校园建设方面采取了多种方式来融合传统文化元素。例如，在校园道路的取名上，选择了"隆中路""大学路"和"明志路"等名字；在学生食堂的命名上，使用了"凤雏餐厅""致远餐厅"和"三顾苑餐厅"等名称；而创新创业学院也被命名为"孔明学院"。可以说，学校在各个方面的建设都注重融合传统文化元素，为校园环境带来了独特的氛围。还有我们熟知的清华大学，其借鉴《大学》中的有关名词，为道路进行命名，如"明德路""至善路"等，其出处便是"大学之道，在明明德，在亲民，在止于至善"[①]。许多高校在将传统文化元素融合到校园文化环境的建设中做出了很多努力。这些努力为中华优秀传统文化的学习提供了一个良好环境，也为校园营造了浓厚文化氛围。

高校可以设计符合自身特色的校风校训，逐步将优秀传统文化融入校园精神文化建设中。此外，高校可以将传统文化元素融入教学楼、宿舍楼、草坪等的设计中，比如在墙壁、板报、宣传栏、路牌、标识语等上面展示名人事迹等内容，或在教室中悬挂历史典故等，从而使这些元素在学校里广泛传播，对学生进行潜移默化的影响，进而增加对传统文化元素的熟悉程度和了解。传统文化与高校校园的深度融合，可以有效地缩短传统文化与高校大学生和教师之间的距离，有利于传统文化在思政教育中更加深入地渗透和发挥作用。因此，高校应该更加重视

---

① 郭庆祥.《大学》人生大学问[M]. 北京：东方出版社，2012：39.

校园环境建设，以加强学生与传统文化的沟通和联系。这一举措的好处不止于引导学生树立正确的价值观念，同时还能够为大学生今后的职业发展打下扎实的文化基础。

（五）思想政治理论课程的传统文化融入

高校思想政治理论课具有传授知识、传承文化、培养思维和提高素养等重要作用。课堂理论教学不仅可以让学生掌握知识点，同时也能够培养学生良好的思想道德修养。这意味着，要成功地将传统文化与思政教育结合起来，就需要重视对思政理论课的教学。在两千多年前，中国的诸子百家兴起，包括老子、孔子、墨子等思想家。他们研究天文地理，探索人与人、人与社会、人与自然之间的关系，提出了许多深刻的思想理论。许多观念由他们创立，如孝顺父母、兄弟相亲、诚实守信、讲礼守义、廉洁奉公、仁慈待人等，这些思想至今仍然对中国人的生活产生着深远的影响。在将中华传统文化融入高校思想政治理论课的研究中，对于民族意识的培养起到了至关重要的作用，并且为其注入了深厚的文化底蕴。大学生的思想道德教育主要通过开设思想政治理论课程来进行引导。这种教育具有政治和文化两个方面的属性。在教学工作中，必须同时满足这两个方面的特质。思政课是传递中华传统文化的重要途径，既能够促进中华传统文化的传承，同时也是提高思政教育效果的关键。马克思认为人类的历史是由人们自主创造的，但这一过程并非主观任意的，也没有选择性。相反地，它是直接的、既定的，并且是在之前积累经验的基础上创造的。将中华优秀传统文化融入高校思想政治理论课教学中，解读其中的精髓，可促进学生对历史文化、思想道德和情感价值的深刻理解与认识。中华民族之所以能够持续繁荣发展，是因为传统文化中蕴含着深厚的民族精神。中华民族独有的优势就在于其卓越的传统文化，它是民族精神的灵魂。中华传统文化是推进中国特色社会主义建设的基石，必须以其为基础向前发展。

将传统文化的思想内涵融入思政课教学中，可以使传统文化与教学内容有机地结合，发挥其精神价值。思想政治理论课的教学内容需要使用四本由国家编写的必修教材进行讲授。然而，随着教学要求不断多样化，教材体系也在相应演变。具体来说，需要在教学内容的基础上对其进行深层次的探索和发掘，以扩充学习内容和深化学习体验。在这一过程中，将其与传统文化的核心所对应的价值观相融合，以更好地纳入思政教育的范畴。例如，教师可以将中国"大同"时期对应的社会理想与共产主义理想结合，以丰富"马克思主义基本原理"这门课的内容。在教授"毛泽东思想和中国特色社会主义理论体系概论"时，可以将传统文化的优秀元素与教学内容相结合，深入探讨"长征精神""延安精神"和"艰苦奋斗精神"等对新民主主义阶段产生的影响，从而体验它们深厚的文化渊源。为了更好地指导学生塑造正确的三观，可以在"思想道德修养与法律基础"课程中引用经典名句"三人行，必有我师焉"[①]等；在人际交往方面的教学中，可以与儒家文化中的"礼"有机地结合起来；为了在学生中培养"爱国主义"精神，可以通过展示经典的爱国事迹来引导他们。结合理性与养成教育来帮助大学生更好地理解传统文化，并树立正确的人生观，同时，结合传统文化中的精华，调整个人的人生目标和态度，提高道德水平和精神素养。

（六）思想政治实践课程的传统文化融入

思政理论课教学不仅包括理论知识教学，而且还具有较强的实际应用价值。大学生除了学习教材内容，还需要进行实践学习。为了进一步提升个人的道德修养并规范个人的行为，学生需要通过实践来巩固课堂中学到的思想、文化和道德方面的理念。因而，实践教学可视为理论教学的巩固和增强。冯契的"化理论为德性""化理论为方法"[②]，是要求将理论转化为实践方法，即将理论融入实践当中。这表明，在教学过程中，实施实践教学同样具有至关重要的作用。大学生在社会发展中发挥着重要作用，他们是推动社会进步和发展的中坚力量，同时也是民族未来的希望。这些学生完成受教育后，将投身于相关领域的工作，为社会发展做出贡献。从这个角度来看，人才培养的重心不只是理论教学，还应该注重学生实践技能的提高。从历史发展中我们可以得出结论，个人的思想意识并非天生就具备，也不是毫无缘由地产生的，而是通过参与社会实践的积累和塑造形成的。因此，在教学中需要强化理论与实践相结合的教学方法。教师可以通过理论教学，给学生传授传统文化知识；此外，还需实施实践教学，以加强学生对这些知识的理解和认知。提升大学生的道德素养必须通过实践来实现。将实践活动视为培养

---

① 栾锦秀. 咬文嚼字读《论语》[M]. 北京：中国青年出版社，2011：114.
② 洪晓楠. 当代中国文化哲学研究[M]. 大连：大连出版社，2001：102.

人才的第三课堂，有助于大学生提升社会责任感、创新精神和实践能力，进而提升大学生的道德思维水平。通过实践活动，全方位提升学生的意识、素养和道德品质。

将优秀的传统文化融入高校的思想政治课堂中，能够帮助学生更加深刻地领会其具有的吸引力和价值。将传统文化融入实践活动中，可以让它更贴近现实生活，使学生能够更加深刻地领悟和体验传统文化的内涵。在学习传统文化理论知识时，教师可以利用文艺活动、社会实践等多种校园活动来进行教学。此外，还可以邀请一些教育名家来校进行专题讲座，加深学生对传统文化的认识。通过这些方式，让当代高校大学生在思想政治课堂中感受传统文化的精神力量，并在学习中获得良好的精神感悟，这将有助于他们形成正确的社会价值观。

为了更有效地融合传统文化和思想政治教育，可以采用实践教学的方法。高校应该在教育中注重传承优秀传统文化，特别是要让学生在思想政治理论课中参与到传统文化实践活动中，以实现中华优秀传统文化与高校思政课的有机结合。大学生可以参与多种实践活动，例如大学生暑期社会实践和课外实践等。这些活动都有一个共同点，它们都是让大学生将所学知识应用到实践中，从而获得真实的体验。这种教学方法不仅非常生动，而且非常有说服力和感召力。因此，这种方式也是在思想政治理论课教学中的一种创新形式。学生可以在学校或家庭的安排下开展实践活动，例如参观文化馆、科技馆和民俗馆等，或者去游览那些拥有浓厚传统文化特色的景点，从而深入了解和感受传统文化的魅力。在完成实践活动后，可以让学生表达他们参与活动时的感受和经验。这种方法有助于将"看与写"的结合更好地应用于教学中，从而增强教学的形象性和生动性，加强学生对传统文化的认知。通过这种方式，学生可以更好地领悟传统文化的精髓，将其中优秀的元素融入自己的人格和行为中。在思想政治理论课中引入学生的实践经验，让他们与同学分享感悟，不仅能够激发学生的学习热情、提高教学效果，而且也是思政教育教学方式的一种创新。

此外，社团活动是大学生校园生活中的一个重要方面，它们占据了大学生许多课外时间，有效地利用校内各类社团活动，对于高校中传统文化的传承具有至关重要的作用。这种潜移默化的方式对于吸引那些真正热爱优秀传统文化的大学生非常有利。而且，通过社团活动的有力影响，能够吸引更多的大学生参与到传承优秀传统文化的团体中来。大学社团的实践活动形式丰富多样，这些各式各样的社团活动不仅让学生的业余生活更加多元化，还有助于传承中国传统文化。社团活动可以分为三类：传统型文化类社团活动、传统节日等民族性社团活动以及具有现代特色的创新型社团活动。

  首先是传统型文化类的社团活动，高校中广泛开展这类社团活动，如读书会、文化沙龙、演讲比赛和图书漂流等，旨在让大学生通过深入了解优秀传统文化内涵，激发思考，达到传承传统文化的目的。这类活动对文学素养要求比较高，因为涉及较多的文学内容，一般来说，参与者主要由相关专业学生或对传统文化有浓厚兴趣的大学生组成，整体参与率较低。其次是与传统节日相关的文化活动。例如，可以让大学生们通过举办龙舟比赛庆祝端午节，或者通过包饺子的方式庆祝冬至等传统节日，让他们感受不同的文化氛围和活动方式。尽管这些校园活动的专业性不强，但大学生踊跃参与到这些活动中，不仅能够感受节日的氛围，还能够传承宝贵的传统文化。最后是具有现代特色的创新型社团活动，比如一些话剧社团会演绎传统文化中的经典作品，漫画社团会举行一些角色扮演活动，将中国古代人物的形象还原出来。这些活动采用了新颖独特的形式，如穿汉服、行汉礼等，吸引了大量关注。它们很巧妙地将传统文化与当代流行元素相结合，让大学生更容易接受并传承优秀传统文化。

参考文献

[1] 赵芳.思想政治教育[M].呼和浩特：远方出版社，2004.

[2] 王左丹，房慧玲.思想政治教育教学研究[M].广州：中山大学出版社，2022.

[3] 浙江旅游职业学院马克思主义学院.思想政治教育理论与实践研究 第2辑[M].长春：吉林大学出版社，2023.

[4] 郭鹏.思想政治教育网络传播研究[M].武汉：武汉大学出版社，2022.

[5] 张娇.课程思政育人实效性研究[M].北京：中国纺织出版社，2022.

[6] 范彬.新时代高校思政育人理论体系研究[M].长春：吉林大学出版社，2022.

[7] 谢波，孙玉.新时代背景下高校思政育人体系路径探索[M].长春：吉林大学出版社，2022.

[8] 石岿然，谷政，刘妍.课程思政铸魂育人：金融类专业思政育人的探索与实践[M].北京：中国金融出版社，2022.

[9] 曹东勃.新时代高校思政育人探索 第1卷，新时代·新青年[M].上海：上海财经大学出版社，2020.

[10] 浙江旅游职业学院马克思主义学院.思想政治教育理论与实践研究[M].长春：吉林大学出版社，2022.

[11] 林为湘，龙妮娜.社交媒体环境下大学生网络思想政治教育研究[J].南宁师范大学学报（哲学社会科学版），2023，44（02）：114-120.

[12] 杨岚.网络思想政治教育研究：整合框架与未来展望[J].淮北职业技术学院学报，2023，22（01）：47-50.

[13] 吴一孔，周均锟.再探思想政治教育过程基本矛盾 [J].中共太原市委党校学报，2023（01）：53-58.

[14] 尤长军，刘波.高职院校实施精准思想政治教育的策略研究 [J].辽宁农业职业技术学院学报，2023，25（01）：44-48.

[15] 张烽，金利群.协同理论视角下高校研究生思想政治教育研究 [J].浙江工业大学学报（社会科学版），2022，21（04）：464-468，474.

[16] 邓纯余.新时代思想政治教育社会化的理论与实践审视 [J].思想理论教育，2022（08）：56-60.

[17] 肖玉秀.新形势下高校思想政治教育管理存在的问题及对策研究 [J].产业与科技论坛，2022，21（15）：273-274.

[18] 傅益南.思想政治教育跨学科融合的研究述评 [J].长江师范学院学报，2022，38（04）：117-124.

[19] 陈恩.高校学生管理与思想政治教育结合的改革与创新 [J].产业与科技论坛，2022，21（01）：267-268.

[20] 徐树森.新时代民办高校思想政治教育角色定位和建设路径 [J].高教学刊，2021，7（34）：49-52，57.

[21] 闫蕓之.大学生思想政治教育微载体效用研究 [D].杭州：浙江大学，2022.

[22] 邢佳振.全媒体时代思想政治教育话语转换研究 [D].重庆：重庆邮电大学，2022.

[23] 耿海倩.三全育人视域下高校思政课与日常思想政治教育工作协同育人研究 [D].济南：山东大学，2022.

[24] 崔佳佳.新时代高校思想政治教育质量提升研究 [D].延吉：延边大学，2022.

[25] 赵李叶.新时代高校思想政治教育生态系统建设研究 [D].济南：山东大学，2022.

[26] 罗钦江.新时代高校网络思想政治教育实效性提升研究 [D].南昌：江西师范大学，2022.

[27] 雷志佳.高校思想政治教育学生获得感提升路径研究[D].阜阳：阜阳师范大学，2022.

[28] 张治威.新时代中国共产党思想政治教育实践理论研究[D].长春：东北师范大学，2022.

[29] 王欣玥.网络思想政治教育话语权研究[D].成都：电子科技大学，2022.

[30] 王东晗.思想政治教育对象行为的理论研究[D].长春：东北师范大学，2022.